Blasphemie

Yvonne Sherwood

Blasphemie

Geschichte und Gegenwart des Frevels

Aus dem Englischen übersetzt von Carla Hegerl

claudius

essay

INHALT

7 **Kapitel 1** Einführung
„Blasphemische“ Kreuzigungen

23 **Kapitel 2** Blasphemie in Anführungszeichen

63 **Kapitel 3** Blasphemie und Religion

99 **Kapitel 4** Blasphemie und Gesetz

129 **Kapitel 5** Blasphemie und Minderheiten

155 **Kapitel 6** Blasphemie und Medien

183 **Abbildungsverzeichnis**

187 **Quellenangaben und weiterführende Literatur**

Kapitel 1

Einführung „Blasphemische“ Kreuzigungen

Sehr lange spricht man nun schon vom Tode Gottes und mindestens genauso lange verkündet man das Ende der Blasphemie. Man meint, es gebe für diesen Begriff in einer Welt, in der nicht jeder an Gott glaubt, keine Verwendung mehr. Und trotzdem lässt sich die Blasphemie (wie auch Gott und die Religion) nicht so einfach in die Mottenkiste der Vergangenheit packen. Im Gegenteil: Die Blasphemie scheint sogar wieder an Relevanz zu gewinnen. Kaum ein Monat vergeht, ohne dass irgendein Blasphemiefall Schlagzeilen macht – sei es wegen fanatischer Gräueltaten, wie dem Massaker bei *Charlie Hebdo* im Jahr 2015, oder weil irgendein Land seine Blasphemiegesetze aufgehoben hat. Und wer hätte gewusst, dass es in, sagen wir, Island oder Dänemark bis vor Kurzem noch Blasphemiegesetze gab, wenn wir aus den Medien nicht von ihrer Aufhebung erfahren hätten?

Kein Wunder, dass mancher da verwirrt den Kopf schüttelt. Ist dieses Buch nun ein Nachruf auf die Blasphemie? Schlagen wir hiermit die letzten Nägel in den Sarg eines überholten Begriffes? Oder ist die Blasphemie gerade wieder auf dem Vormarsch, gewinnt an Relevanz? Und wie konnte das

Verbrechen der Blasphemie, allgemein verstanden als ein Vergehen gegen Gott oder die Götter, vom Kirchenrecht in das weltliche Recht übergehen und dort über ein halbes Jahrtausend lang Bestand haben?

Diese und ähnliche Fragen werden uns auf unserer Reise in die erstaunliche Geschichte dieser kontroversen Idee begleiten.

Blasphemie definieren

Aber was ist Blasphemie überhaupt? Wie kann ein Begriff, der sich auf die Beleidigung der Götter in himmlischen Sphären bezieht, hier auf der Erde eine Bedeutung haben? Nur selten fällt jemandem auf, dass der Blasphemiebegriff in seiner Etymologie dem aktuellen Begriff der *Hate Speech* erstaunlich nahekommt. Das Wort „Blasphemie" bedeutet „verletzende Rede" oder „Verletzung der Ehre/des Rufes": Beleidigung, Rufschädigung, Verleumdung. Es wird angenommen, dass der erste Teil des Wortes vom griechischen *blaptō* („verletzen") abstammt. Der zweite Teil, *phēmē*, kann „Sprechen", „Rede" oder „Äußerung" bedeuten, aber auch „Ruhm" oder „Ansehen". Daher auch das lateinische Wort *fama* und der Name der griechischen Göttin des Ruhmes und des Gerüchts: *Phēmē.* Wie viele andere Wörter wurde das Wort „Blasphemie" *(βλασφημία, blasphēmía)* also aus dem Griechischen und Lateinischen in die europäischen Sprachen importiert und vom Christentum wiederum in die ganze Welt exportiert. Das Gegenteil von Blasphemie ist der *Euphemismus,* von *euphēmein,* was ursprünglich „schlechte Wörter in religiösen Riten vermeiden" bedeutete. Heute sprechen wir von einem

Euphemismus, wenn jemand unangenehme oder harsche Worte vermeidet, um irgendetwas schönzureden.

Laut dieser nicht besonders präzisen Definition ist eine Blasphemie also eine verletzende oder beleidigende Aussage. Der Begriff hat auch eine starke soziale Komponente, denn er kann auch Rufmord oder Ehrverletzung bedeuten. In Wörterbüchern wird Blasphemie häufig als das „profane" oder „entweihende Sprechen" über „Gott oder heilige Dinge" definiert. Worte wie *Frevel* und *Entweihung* fallen immer wieder im Kontext der Blasphemie und deuten an, dass es auch um die Herabsetzung von heiligen Orten und Dingen gehen kann.

Der Blasphemiebegriff ist also sehr offen und lässt viel Raum für Interpretationen. Wer oder was gilt als heilig? Wer oder was ist heilig genug, um schutzbedürftig zu sein? Wie sehr muss eine Aussage oder Handlung beleidigen, um als blasphemisch zu gelten? Können Blasphemien (und deren Bestrafung) auf einer Skala klassifiziert werden wie harte und weiche Drogen oder gemessen werden wie Schmerzgrade? Wie kann ein Schmerz von mehreren Menschen *gleichzeitig* empfunden werden? Eine Blasphemie kann *per definitionem* nur derjenige beurteilen, gegen den sie sich richtet. Der Begriff beruht also fast ausschließlich auf der Zeugenschaft derer (seien es Götter oder Menschen), die sich verletzt oder verleumdet fühlen, bzw. derer, die in ihrem Namen sprechen. Daher beginnen wir, wenn wir über die Blasphemie nachdenken, automatisch über die Empfindungen und Gefühle anderer Menschen – und vielleicht sogar Götter – zu spekulieren.

Blasphemische Kreuzigungen

Potter Stewart, Richter am Obersten Gerichtshof der USA, machte im Jahr 1964 während eines Prozesses, in dem eine „Perversion“ verhandelt wurde, folgende fragwürdige Aussage: „Ich erkenne eine [Perversion], wenn ich eine sehe.“ Mein Sohn und ich waren uns nach dem Besuch eines beliebten Musicals im Londoner West End so sicher wie man sich nur sein kann, dass wir etwas Blasphemisches gesehen hatten; etwas, das andere Menschen unserer Vorstellung nach als blasphemisch empfinden würden. Ich erforsche die Blasphemie nun seit über zehn Jahren und war wirklich beeindruckt, mit welcher Verve die Show alle Kriterien zu erfüllen versuchte: Da wurde mit Emphase Gott verflucht, heilige Persönlichkeiten wurden auf besonders respektlose Weise mit Tieren gleichgesetzt (ein regelmäßig wiederkehrendes „blasphemisches“ Motiv) und es gab viel unorthodoxen Sex. Doch dieses Musical wurde nicht als *#blasphemisch* getaggt und darf weiter gezeigt werden, während Richard Thomas' und Stewart Lees *Jerry Springer: The Opera* wegen des lautstarken Protests christlicher Demonstranten beinahe abgesetzt worden wäre.

Aber was ist denn nun eine Blasphemie? Vielleicht kommen wir weiter, wenn wir die Kreuzigung Jesu als Beispiel heranziehen.

Kreuzigungen waren im alten Rom eine Methode der physischen und sozialen Folter. Wie bei der Blasphemie wurde die öffentliche Person des (und gelegentlich der) Gekreuzigten bloßgestellt und in eine groteske, lebende Karikatur ihrer selbst verwandelt. Seneca hat in seiner *Trostschrift an Marcia* beschrieben, wie die Körper in verschiedensten, erniedrigen-

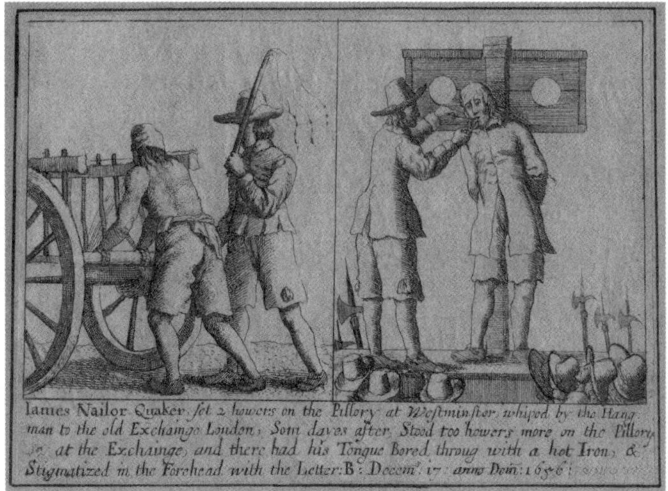

1. Öffentliche Folter und Erniedrigung James Naylers, der 1656 wegen Blasphemie mit einem B auf der Stirn gebrandmarkt wurde und beinahe hingerichtet worden wäre.

den Positionen gekreuzigt wurden: „mit zur Erde gekehrtem Kopfe“, mit am Querbalken „gedehnten Armen“ oder „aufgepfählten Schamteilen“. Um sich über seinen gehobenen sozialen Status lustig zu machen, wurde ein Opfer an einem großen, weißen Kreuz gekreuzigt. Die Dornenkrone und die Tafel mit der Aufschrift „König der Juden“ waren eine brutale Parodie des messianischen Auftretens Jesu.

Abbildung 1 zeigt die rituelle Erniedrigung des Quäkers James Nayler, der mit seinen Anhängern in Anlehnung an die Passion Christi am Palmsonntag 1656 auf einem Esel nach Bristol eingezogen war und daraufhin wegen „der Beleidigung der Ehre Gottes und der Zerstörung der menschlichen Gesellschaft“ verurteilt wurde. Nachdem er einer Hinrichtung nur knapp entronnen war (es gab 82 Für- und 96 Gegenstimmen), wurde Nayler durch die Straßen gepeitscht und dann an einen kreuzähnlichen Pranger gestellt. Seine Stirn wurde mit dem Buchstaben B für „Blasphemiker“ gebrandmarkt bzw. „stigmatisiert“ und seine Zunge mit einem heißen Stück Eisen durchbohrt. Berichte der Quäker beklagen in dieser Episode die „Kreuzigung“ ihres Anführers. Nayler legte sich ein Stück Papier auf die Stirn, auf dem stand: „Es war aber über ihm auch eine Aufschrift: ‚Dies ist der Juden König‘“ (Lk 23,38).

Was also zählt und zählte als eine blasphemische Kreuzigung oder eine blasphemische Nachahmung Christi? Der Einzug nach Bristol auf einem Esel? Ein zu einem Esel betender Christ? Ein gekreuzigter Frosch oder Affe?

2. Steinabreibung eines griechischen Ritzgraffitos in Rom, ca. 200 n. Chr. Dort steht: „Alexamenos betet (seinen) Gott an“ oder „Alexamenos huldigt Gott“.

Das Graffito in Abbildung 2, das in Rom in eine Wand geritzt wurde, sieht ziemlich eindeutig nach einer Blasphemie aus. Es greift die soziale Erniedrigung der Kreuzigung auf und wiederholt sie in Form einer schnell hingekritzelten Karikatur.

Heute wird die Kreuzigung überall als das Logo oder Zeichen des Christentums erkannt. Doch noch bis ins 6. Jahrhundert wurde dieses Symbol nicht von den Christen selbst verwendet, sondern nur von jenen, die sich über das Christentum lustig machen wollten. In dieser Ritzzeichnung, dem sogenannten Alexamenos-Graffito, werden zwei römische Witze über das Christentum vermischt, die unter den wenigen, die überhaupt von der neuen Religion gehört hatten, eine Art Running Gag waren. Das Christentum galt, in den Worten des Rhetorikers Marcus Cornelius Fronto, als „närrische" Religion, deren Anhänger „einen *gekreuzigten* Mann" und „einen Eselkopf" anbeteten.

Gut möglich, dass Alexamenos diese Eselsdarstellung seines Messias als äußerst verletzend empfunden hat. Doch weil er zu einer Zeit lebte, in der das Christentum, in (anachronistischen) modernen Begriffen gesprochen, eine Minderheitenreligion war, hatte er keine Möglichkeit, Einspruch gegen diese „Blasphemie" zu erheben. Es braucht für eine Blasphemie also einen sozialen und rechtlichen Rahmen; und bei den meisten Blasphemievorwürfen geht es um den Schutz der Mehrheitsreligion. Blasphemien sind nie nur eine Frage des Inhalts.

Die Skulptur *Zuerst die Füße* (1990) des deutschen Künstlers Martin Kippenberger stellt einen gekreuzigten Frosch dar und wurde erst im Jahr 2008 zu einer Blasphemie – 28 Jahre nach ihrer Herstellung und 9 Jahre nach dem Tod des Künstlers. Die Arbeit wurde erst zur „Blasphemie“, als der Präsident des Regionalrats, Franz Pahl, aus Protest gegen die Ausstellung der anstößigen Amphibie im Bozener Museion in einen 9-tägigen Hungerstreik trat. Pahl nutzte so seinen eigenen Körper für eine dramatische Performance *religiösen Schmerzes:* eines innerlichen, nur schwer nachzuempfindenden Leidens. Indem er seinem Körper absichtlich die Nahrung entzog, wollte er aufzeigen, wie sehr dieser Frosch die „religiösen Gefühle“ derer verletzte, „die im Kreuz ein Symbol der Liebe Gottes“ sehen. Es können also nicht nur Götter (oder jene, die im Namen der Götter sprechen) Blasphemieurteile fällen, sondern auch Richter, Geschworene, Ausschüsse, Museumsmanagements, Politiker und andere Teilnehmer des öffentlichen Lebens.

Ganz anders als Kippenbergers Frosch erging es einem vergleichbaren Kunstwerk, das einen gekreuzigten Affen darstellt: *The Privilege of Dominion* (2009) von Paul Fryer. Gibt man bei Google „Blasphemie“ ein, dann taucht diese Skulptur gar nicht erst auf. Stattdessen steht, wenn man *The Privilege of Dominion* googelt, erstaunlicherweise ein Artikel der *The Church Times* an erster Stelle. Wurde dieser gekreuzigte Wachsgorilla nicht zur Blasphemie erklärt, weil es das erklärte Ziel des Künstlers war, „auf die Not der Flachlandgorillas aufmerksam zu machen“? Aber wie konnte dieser Ausdruck der künstlerischen Absicht das Werk vor dem Vorwurf der Blasphemie schützen, wenn eine Blasphemie doch im Auge des Betrachters liegt und relativ wenig mit der Absicht des Künstlers zu tun hat? Oder wurde der gekreuzigte Affe nur deshalb nie zur Blasphemie, weil keiner was bemerkte und niemand aus Protest in den Hungerstreik trat? Im Jahr 2007 stellte Fryer in der

Kathedrale Notre-Dame-et-Saint-Arnoux de Gap in den französischen Alpen sein Werk *Pietà (The Empire Never Ended)* aus: eine brutale, moderne Kreuzigungsskulptur, bei der ein geschundener Wachsjesus auf einem elektrischen Stuhl hingerichtet wird. In einem Interview mit der Zeitung *Le Monde* lobte der Geistliche Jean-Michel di Falco Fryer für seinen Versuch, den „Skandal" der Kreuzigung wiederzubeleben und „vielen Menschen [nahezubringen], die sonst nur selten einen Fuß in die Kirche setzen". Scheinbare „Blasphemien" können also auch von religiösen Gemeinschaften beauftragt und gefeiert werden. Mit dem Phänomen der *innerreligiösen Blasphemie* werden wir uns in Kapitel 3 näher beschäftigen.

Die Blasphemie ist der Lackmustest sich verändernder Wertvorstellungen. An ihr zeigt sich, wie sich die Grenzen des Denkbaren, Sagbaren und Darstellbaren mit der Zeit verschieben. Das wird beim Thema Gender und Sex besonders deutlich.

Wer heute das Grazer Diözesanmuseum besucht, mag zunächst schockiert sein, auf die Statue einer Frau mit Rock und Bart zu treffen, die an einem Kreuz hängt und eindeutig nach einem trans-Jesus, einem Christus-als-Conchita-Wurst aussieht. Tatsächlich aber handelt es sich bei dieser Statue um eine traditionelle Darstellung der heiligen Wilgefortis aus dem 18. Jahrhundert. Wer in einer Galerie vor Maarten van Heemskercks *Mann des Schmerzes* (1532) oder Peter Paul Rubens' *Auferstandener Christus, triumphierend* (ca. 1616) steht, mag erstaunt sein, einen Jesus mit gut sichtbarer Erektion vor sich zu haben. Dabei ging es den Künstlern hier nur um biologischen Realismus (anscheinend wird der Penis eines sterbenden Mannes tatsächlich steif) und um eine symbolische

Affirmation der physischen Wiederauferstehung: Das Leben triumphiert!

Heutige Museumsbesucher neigen also *eher* dazu, diese Kreuzigungsdarstellungen als potenziell „blasphemisch" einzustufen, weil sie die sexuellen Revolutionen und Emanzipationsbewegungen der 1960er-Jahre hinter sich haben, die neue gesellschaftliche Konflikte zwischen der Religion und Geschlechts- bzw. Genderfragen aufgeworfen haben. Seit die Künstlerin Edwina Sandys 1984 in ihrem Werk *Christa* erstmals eine barbusige Frau am Kreuz darstellte, sind gekreuzigte Frauen – genauso wie schwarze Jesusse – für einige zum Symbol der Befreiung und für andere zur Blasphemie geworden. Als *Christa* 1984 zum ersten Mal in der Manhattan Cathedral Church of St. John the Divine aufgestellt wurde, war das für den Dekan der Kathedrale noch Anlass zur Freude. Der Bischof von New York jedoch befahl die sofortige Entfernung der „blasphemischen" Frau von diesem heiligen Ort.

Auch der Kampf für die Rechte Homosexueller hat neue „Blasphemien" möglich gemacht, die vor den späten 1960er-Jahren undenkbar gewesen wären: schwule Jesusse und Jesusse in sexueller Ekstase. Frühe Beispiele sind der Roman *Näher zu dir* (1966) des niederländischen Autors Gerard Kornelis van het Reve; der gescheiterte Versuch des dänischen Künstlers und Regisseurs Jens Jørgen Thorsen, einen Film mit dem Titel *The Sex Life of Jesus* zu drehen (eine von vielen „Blasphemien", die nie realisiert werden konnten); und natürlich James Kirkups Gedicht *The Love that Dares to Speak its Name*, in dem der Hauptmann sich am Fuße des Kreuzes das Sexleben Jesu in Erinnerung ruft und die noch warme Leiche des Messias penetriert. Das Gedicht bescherte dem Herausgeber der *Gay News* 1977 ein saftiges Bußgeld und eine Haftstrafe auf Bewährung.

Der Philosoph Charles Taylor prägte, ohne sich dabei explizit auf die Blasphemie zu beziehen, den sehr hilfreichen Begriff des Überguten: höchste Werte, die über allen anderen stehen. Blasphemien scheinen immer dann eine besonders starke kulturelle Wirkmacht zu entfalten, wenn beide Seiten eines Konfliktes ein klar definiertes, tief empfundenes Übergut zu verteidigen meinen. LGBTQ-Aktivisten haben schwule Jesusse benutzt, um für das Übergut der LGBTQ-Rechte und der sexuellen Freiheit zu kämpfen. Viele Christen dagegen definieren sich als Verteidiger der von ihnen als ein Übergut empfundenen „Familienwerte“. Blasphemien werden erst zu Blasphemien, wenn solche Schlüsselkonflikte auf prägnante und provokante Weise zugespitzt werden. Schwule Jesusse und sexualisierte Darstellungen anderer religiöser Figuren haben seit den 1960er-Jahren Hochkonjunktur, weil der Konflikt zwischen der Religion und dem Kampf für die sexuelle Freiheit und LGBTQ-Rechte zu einem zentralen Brennpunkt der modernen Gesellschaft geworden ist.

Doch es muss nicht bei allen „Blasphemien“ immer gleich um das Übergute gehen. Viele blasphemische Kreuzigungen waren nur ein Versehen. So versammelten sich 2011 über hundert libanesische Christen vor dem Bekleidungsdiscounter Big Sale in Beirut, um den Inhaber, einen schiitischen Muslim, dazu zu zwingen, einen blasphemischen FlipFlop aus dem Sortiment zu nehmen. Auf dem Schuh prangte ein typisches Halloweenmotiv: ein Friedhof, Fledermäuse und Gräber – mit einem Grabkreuz. Wer diese FlipFlops trug, trat das heilige Symbol des Kreuzes also automatisch (und unabsichtlich) mit Füßen. Ganz ähnlich erging es dem Schuhhersteller Nike, dem eine versehentliche, massenproduzierte Blasphemie teuer zu stehen kam: Das Wort „Air“, das damals in arabischer Schrift auf der Sohle und Oberseite eines neuen Schuhmodells zu sehen war, sah der arabischen Kalligrafie des Wortes „Allah“ zum Verwechseln ähnlich. Nike musste sich öffentlich entschuldigen und an die 38.000 Schuhe zurückrufen.

Die Blasphemie verändert sich nicht nur im Wandel der Zeit. Sie steht auch immer im Kontext dessen, was der Literaturprofessor David Lawton als die „soziale Ökologie“ eines bestimmten Ortes und einer bestimmten Zeit bezeichnet hat. Die Zeiten, der Umgangston und die Geschmäcker verändern sich – und mit ihnen auch die Blasphemien. Selbst die unverschämtesten und wagemutigsten Blasphemiker des 19. Jahrhunderts wären niemals auf den Gedanken gekommen, Jesus als Homosexuellen darzustellen, um für die religiöse Freiheit zu kämpfen.

Blasphemien der Vergangenheit können ihren Schockeffekt verlieren und heute zahm wirken. Etwas, das in der Vergangenheit niemanden geschert hätte, kann heute auf einmal einen Aufschrei wegen „Blasphemie“ auslösen. Als ich 2019 Monty Pythons *Das Leben des Brian* mit meinen Student:innen anschaute – vierzig Jahre nach der Erstaufführung des Filmes –, war es das Blackfacing, das meine Student:innen am meisten schockierte. In einem 2015 erschienenen Sammelband über den Film wurde diese Praxis noch nicht mal erwähnt. In dem Kurs waren sich auch alle einig, dass der eigentliche Skandal in Kirkups *The Love that Dares to Speak its Name* die Nekrophilie ist: die Vergewaltigung eines toten Körpers. Es war für uns im Rückblick der Jahrzehnte schwer zu begreifen, warum viele Unterstützer und Gegner des Gedichtes in den 1970er-Jahren so getan hatten, als ob es bei dem Gedicht nur ums „Schwulsein“ ginge. Wir schlossen daraus, dass die seltsame Gleichsetzung des Schwulseins mit der Vergewaltigung eines toten Körpers eindrucksvoll zeigte, mit welch massiven Vorurteilen ein Coming-out als Schwuler in den 1970er-Jahren behaftet war.

In Wörterbüchern wird die Blasphemie häufig als „frevelhafte Rede“ über „Gott oder heilige Dinge“ definiert. Damit wird suggeriert, die Blasphemie sei ein rein religiöses Verbrechen – was nicht stimmt. Denn viele strafrechtlich verfolgte Kreuzigungsdarstellungen waren Angriffe auf die Politik, den Nationalismus und die Vermischung von Staat und Religion. Beispiele sind die Zeichnung *Christus am Kreuz mit Gasmaske* (1928) aus der *Hintergrund*-Serie des Berliner Dadaisten George Grosz sowie Pier Paolo Pasolinis Kurzfilm *La Ricotta* (Der Weichkäse) aus dem Jahr 1962.

Unter Grosz' *Christus am Kreuz mit Gasmaske* steht der Satz: „Maul halten und weiterdienen!“. Andere Zeichnungen der Sammlung zeigen einen Priester, der Patronen und Granaten von der Kanzel kotzt, sowie ein Grammofon und einen salutierenden Füllfederhalter, die von einer riesigen Hand mit Münzen überschüttet werden, damit sie mit lauten „Hurras!“ den Krieg herbeirufen. Grosz, der aus Protest gegen den deutschen Nationalismus seinen Vornamen anglisiert und seinen Nachnamen slawisiert hatte, wurde wegen Gotteslästerung angeklagt, mit einer Geldstrafe belegt und kurz darauf wieder freigesprochen. Später wurde dieser Freispruch wieder aufgehoben, ohne dass in dem Prozess ein finales Urteil gefällt werden konnte, weil Grosz 1933 in die USA floh.

Die Nationalsozialisten stellten Grosz' Werke später in der berühmten Anti-Ausstellung *Entartete Kunst* aus, in der von den Nazis geschmähte Kunstwerke gezeigt wurden, die angeblich „das deutsche Gefühl verletzt" hätten. Auch Pier Paolo Pasolini wurde wegen der Verletzung nationaler und religiöser Gefühle und – in den Worten der italienischen Rechtsprechung – wegen „Beleidigung der *Staatsreligion*" (meine Hervorhebung) der Prozess gemacht. Im Jahr 1963 wurde Pasolini zu einer viermonatigen Haftstrafe auf Bewährung verurteilt – und nach einem dreijährigen Prozessmarathon wieder freigesprochen. *La Ricotta* ist eine bissige Satire gegen die Religion, den Kolonialismus, den Rassismus, die Dekadenz und die Gleichgültigkeit gegenüber der Armut. Während eine Gruppe von Schauspieler:innen in einem *tableau vivant* Jacopo Pontormos (1523–1525) *Kreuzabnahme Christi* nachstellt, stören schwarze Schauspieler die erhabene Todesszene dieses sehr weißen Jesus und die Heiligkeit der Szene wird durch den fröhlichen Sound von Carolo Rustichellis *Ricotta Twist* unterminiert. Der arme Statist Stracci („Lump"), der den Dieb am Kreuz spielt, sagt dem unsympathischen Jesusdarsteller, er sei so hungrig, dass er blasphemieren könnte, und verhungert später am Set.

Um die Blasphemie zu verstehen, muss man sich also immer anschauen, wie sie *praktisch* operiert. Eine Blasphemie erschließt sich nie einfach aus ihrem Inhalt. Die Blasphemie braucht einen sozialen und legalen Rahmen und bezieht sich in den meisten Fällen auf die Werte der Mehrheit. Entgegen der Wörterbuchdefinition ist die Blasphemie kein rein religiöses Verbrechen, denn sie richtet sich häufig gegen den Nationalismus oder die Vermischung von Staat und Religion. Die

Blasphemie liegt *per definitionem* in den Augen und Ohren des Betrachters. Aber wenn eine scheinbare „Blasphemie“ von religiösen Gemeinschaften beauftragt und sogar *gefeiert* werden kann, dann wird auf einmal deutlich, dass sich manchmal gar nicht so leicht erraten lässt, was diese Gemeinschaften denn nun als beleidigend empfinden könnten und was nicht.

Kapitel 2 Blasphemie in Anführungszeichen

Die Blasphemie ist nicht eine Person, Technologie oder ein Phänomen, das eindeutig existiert oder existiert hat. Aber sie ist auch nicht mit so etwas wie der „Renaissance“ vergleichbar, die manchmal in Anführungszeichen gesetzt wird, um darauf hinzuweisen, dass dieser Begriff eine Erfindung späterer Generationen ist. Die Anführungszeichen um „die Renaissance“ herum sollen zeigen, dass dieser Begriff ein komplexes Konstrukt ist und nicht, dass die Renaissance verboten werden sollte oder eine sinnlose, gefährliche Idee ist. Das Wort „Blasphemie“ dagegen steht meist in viel harscheren Anführungszeichen. Sie sollen Ironie signalisieren und zeigen, dass der Begriff nicht ernst genommen werden sollte oder sogar gefährlich ist. Die Blasphemie ist also besonders interessant, weil sie immer schon mit einer Gesundheitswarnung und dem Hinweis versehen war, dass sie eigentlich gar nicht existiert bzw. existieren sollte.

Nabots Weinberg

Erzählen wir eine uralte Geschichte, ein Märchen. (In den Worten des Erzählers des „blasphemischen“ Romans *Die satanischen Verse*: „[E]s war und es war nicht so, wie es im Märchen hieß, es geschah und es geschah nicht.“) Es war einmal ein Mann namens Nabot, in dessen Familienbesitz sich seit Generationen ein Weinberg befand. Er war reich. Die Gegend war hip und gentrifiziert wie die heutigen Londoner Stadtteile Kensington und Mayfair. Das Grundstück der Familie hatte sich in eine Top-Immobilie verwandelt und grenzte direkt an den Palast des Königs an. Der König schielte neidisch über den Zaun auf Nabots Land. Er wollte es für sich haben, um einen hübschen kleinen Gemüsegarten anzulegen. Doch Nabot wehrte sich und schwor im Namen Gottes: „Das lasse der Herr fern von mir sein, dass ich dir meiner Väter Erbe geben sollte!“ Er hatte also ganz im Stile eines antiken Woody Guthrie erklärt: „This land is my land. Our land. *God forbid.*“

Doch der arme König wollte unbedingt sein Gemüsebeet haben und schmollte. Er legte sich in sein Bett, vergrub sein Gesicht und wollte nichts mehr essen.

Glücklicherweise war der König mit einer listenreichen und ziemlich dominanten Königin verheiratet. Sie verspottete ihn wegen seiner Schwäche: „Wie willst du herrschen, ohne das Land zu kontrollieren? Wie willst du König sein, wenn du noch nicht mal ein kleines Stückchen Land bekommen kannst? Herrschst du? Bist du ein *Mann?* Bist du ein *König?*“ Die Königin nahm die Sache in die eigene Hand und ermutigte ihren Mann: „Steh auf und iss Brot und sei guten Mutes! Ich werde dir den Weinberg Nabots, des Jesreeliters, verschaffen.“ Dann schrieb sie Briefe im Namen des Königs, versiegelte sie mit seinem Siegel und schickte sie an alle führenden Männer in Nabots Stadt:

> Lasst ein Fasten ausrufen und setzt Nabot obenan im Volk und stellt ihm zwei ruchlose Männer gegenüber, die da zeugen und sprechen: Du hast Gott und den König gelästert! Und führt ihn hinaus und steinigt ihn, dass er stirbt.

Die führenden Männer der Stadt folgten dem Befehl. Nabot wurde fälschlich angeklagt, zu Tode gesteinigt und der König bekam sein Gemüsebeet. Und so lebten sie (oder zumindest alle, die noch am Leben waren) glücklich bis an ihr Lebensende.

Dabei weiß der Erzähler natürlich, dass kein kluger Leser glücklich oder froh über dieses Ende sein kann, bei dem der König fröhlich seine Rüben auf Nabots Grab anbaut.

Es handelt sich hier um eine lange vergessene, mehr als zweieinhalb Jahrtausende alte Bibelgeschichte: die Geschichte von Nabots Weinberg im 1. Buch der Könige 21,1–29. Diese Geschichte gehört nicht zu den berühmten Bibelmemes, die auch den meisten Nicht-Bibellesern bekannt sind (wie die Geburt Christi, die Kreuzigung oder der Garten Eden) – auch wenn einige vielleicht den Namen der bösen Königin wiedererkennen werden: Isebel. In Einführungen zur Blasphemie werden meist nur die Textstellen des Alten Testaments bzw. der Hebräischen Bibel erwähnt, in denen es um Gesetze und Gebote geht, insbesondere 2. Mose 22,27: „Gott sollst du nicht lästern, und einem Obersten in deinem Volk sollst du nicht fluchen", und 3. Mose 24, wo ein Mann im Streit versehentlich Gott verflucht und anschließend aus dem Lager geführt und zu Tode gesteinigt wird. Diese Beispiele werden ständig wiederholt, weil sie eindeutig und leicht zu verstehen sind und weil sie den gängigen Vorurteilen über die religiöse

Vergangenheit entsprechen. Götter und Könige unterstützen einander und fordern Respekt ein. Die Moral dieser Geschichten ist bei Androhung der Todesstrafe ziemlich eindeutig: „Du sollst nicht blasphemieren!"

Komplexer wird es allerdings, wenn wir die Bibel als *ta biblia* begreifen, Griechisch für „die Schriften", und uns den mehrdeutigen *narrativen* Traditionen dieses Buches zuwen-

den. Biblische Traditionen sind vielschichtig. Sie treten häufig in Dialog oder widersprechen einander. In 3. Mose 24 stehen Könige und Götter auf einer Seite. In der Geschichte von Nabot dagegen schickt Gott seinen Propheten Elija, um dem Monarchen Grauenvolles zu verkünden: „So spricht der Herr: Du hast gemordet, dazu auch fremdes Erbe geraubt! An der Stätte, wo Hunde das Blut Nabots geleckt haben, sollen Hunde auch dein Blut lecken."

Wenn es uns überrascht, eine so ambivalente Geschichte über die Blasphemie ausgerechnet in der Bibel zu finden, dann müssen wir vielleicht unsere Vorstellungen von der Religion überdenken. Die alte Bibelgeschichte scheint einer säkularen, modernen Kritik an der „Blasphemie", die wir uns später in diesem Kapitel genauer ansehen werden, seltsam nahe zu kommen. Sie scheint uns Folgendes lehren zu wollen: „Vorsicht mit der ‚Blasphemie', denn Blasphemievorwürfe sind häufig Fakes oder ein Deckmantel der Realpolitik." Wie wir in Kapitel 1 gesehen haben, ist eine Blasphemie eine Form der Beleidigung, Entehrung und Rufschädigung – und die Geschichte von Nabot kann auch als eine Geschichte der sozialen Blasphemie gegen den König und die Königin interpretiert werden. Die Entehrung des Königs war schon immer eine gefährliche Angelegenheit. Der Karikaturist Charles Philipon beispielsweise wurde 1831 wegen „Beleidigung des Königs" mit einer Geldstrafe belegt, eingesperrt und in ein Heim für Geisteskranke gesteckt, weil er den französischen König Louis. Philippe als Birnenkopf gezeichnet hatte (siehe Abbildung 3).

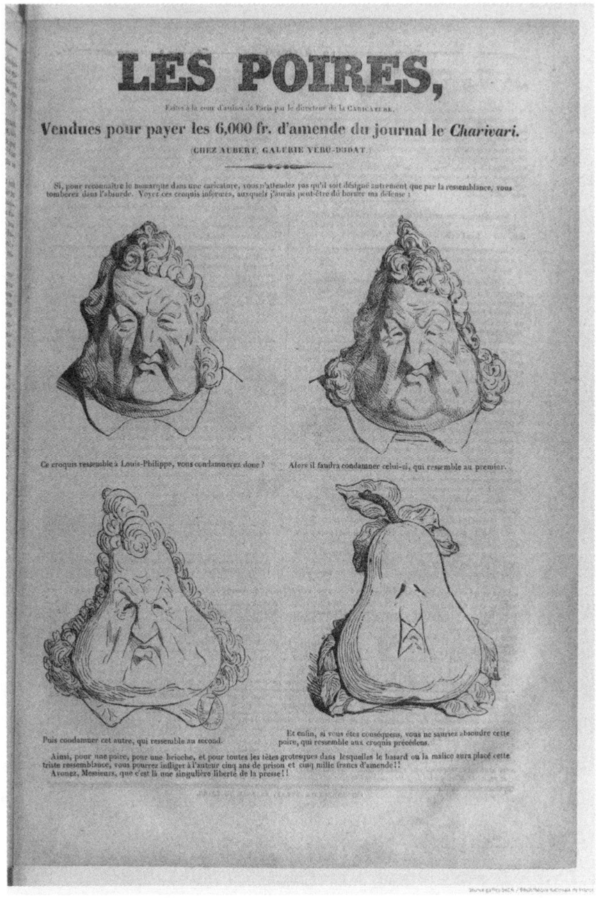

LES POIRES,

Faites à la cour d'assises de Paris par le directeur de la CARICATURE.

Vendues pour payer les 6,000 fr. d'amende du journal le *Charivari*.

(CHEZ AUBERT, GALERIE VERO-DODAT.)

Si, pour reconnaître le monarque dans une caricature, vous n'attendez pas qu'il soit désigné autrement que par la ressemblance, vous tomberez dans l'absurde. Voyez ces croquis informes, auxquels j'aurais peut-être dû borner ma défense :

Ce croquis ressemble à Louis-Philippe, vous condamnerez donc ?

Alors il faudra condamner celui-ci, qui ressemble au premier.

Puis condamner cet autre, qui ressemble au second.

Et enfin, si vous êtes conséquens, vous ne sauriez absoudre cette poire, qui ressemble aux croquis précédens.

Ainsi, pour une poire, pour une brioche, et pour toutes les têtes grotesques dans lesquelles le hasard ou la malice aura placé cette triste ressemblance, vous pourrez infliger à l'auteur cinq ans de prison et cinq mille francs d'amende!!

Avouez, Messieurs, que c'est là une singulière liberté de la presse!!

3. Blasphemie gegen den König: König Louis-Philippes Gesicht verwandelt sich in eine Birne. Zeitschrift *La Caricature* 1831.

Auch die Geschichte von Nabot ist eine Art *verbale* Karikatur des Königs als Gemüsekopf. Der König ist bockig und narzisstisch – und genau darum so gefährlich. Seine Königin nutzt erfundene Blasphemievorwürfe, um sich ein Stückchen Land unter den Nagel zu reißen – für etwas so Banales wie ein Gemüsebeet. Die Leser und Hörer dieser Geschichte, die meist selbst keine politische Macht haben, dürfen sich durch

die literarische Macht dieser ziemlich bissigen Wortkarikatur für einen Moment über eine ansonsten übermächtige Autorität lustig machen.

Nabot heute: Blasphemie als Deckmantel der Realpolitik

Die Geschichte von Nabot kann als ein düsterer, religiöser Kommentar zu den vielen heutigen Blasphemiefällen verstanden werden, in denen die „Blasphemie" nichts anderes ist als ein Deckmäntelchen der Realpolitik.

Die Nabots unserer Zeit sind zahlreich. Da wäre zum Beispiel der christliche, chinesischstämmige Politiker Basuki Tjahaja Purnama, auch BTP oder Ahok genannt, der während seiner Kampagne zur Wiederwahl als Gouverneur von Jakarta im Jahr 2017 wegen Blasphemie zu einer zwanzigmonatigen Haftstrafe verurteilt wurde, was seinen politischen Gegnern natürlich sehr gelegen kam. Der Blasphemievorwurf basierte auf einem strategisch manipulierten Filmausschnitt einer Rede BTPs, auf der er die missbräuchliche Verwendung von Koranversen durch seine Gegner kritisiert hatte. Durch die Manipulation klang es jedoch so, als ob er den Koran selbst kritisiert hätte.

Ein noch besserer Kandidat für einen heutigen Nabot ist jedoch der Student Mashal Khan, der anders als BTP keinerlei politische Macht innehatte und im selben Jahr – 2017 – von einem Lynchmob aus mindestens 61 Mitarbeitern und Studenten der Abdul Wali Khan Universität im pakistanischen Mardan brutal angegriffen und ermordet wurde. Der Mob war durch eine gefakte Notiz aufgestachelt worden – ganz wie die führenden Männer in Nabots Stadt durch Isebels Brief. In der Notiz, die auf der Online-Plattform der Universität veröffentlicht worden war, stand, dass im Zuge der Kampagne von Premierminister Nawaz Sharif gegen gotteslästerliche Inhalte in den sozialen Medien eine Untersuchungskommission eingesetzt worden war, um Khans „blasphemische Aktivitäten" zu untersuchen. Die Behörden nahmen diesen Brief später zurück und Mashal Khan wurde posthum von jeder Schuld freigesprochen. Er hatte es nur gewagt, die Universität wegen der allgegenwärtigen Korruption, überhöhten Studiengebühren und der Willkür in der Vergabe von Abschlusszeugnissen zu kritisieren. An den Wänden seines Studentenzimmers hingen Lobpreisungen Allahs und Mohammeds neben Zitaten von Che Guevara und Marx.

Der in Gaza geborene Künstler und Dichter Ashraf Fayadh wurde verhaftet, nachdem beim saudischen Komitee für die Beförderung der Tugend und die Unterbindung des Lasters Beschwerde gegen ihn eingereicht worden war. Fayadhs Anwalt zufolge lag dieser Beschwerde ein persönlicher Konflikt mit einem saudischen Bürger zugrunde. Fayadh wurde auf Grundlage von Unterhaltungen in einem Café in Abha, Twitter-Posts, Handyfotos und seinem Gedichtband *Instructions Within* verurteilt. Die Gedichte in seinem Band haben Titel wie „On the virtues of oil over blood", „The name of a masculine dream", „Equal opportunities", „Prayers of longing" und „The severe syndrome of home". Es geht in ihnen um sexuelle Diskriminierung, die tödlichen Auswirkungen der Erdölförderung und das Leid der palästinensischen Flüchtlinge. Ashraf Fayadh wurde zunächst zum Tode verurteilt. 2015 – in dem Jahr, in dem der Botschafter Saudi-Arabiens gemeinsam mit anderen Weltmachtführern durch Paris marschierte, um die *Charlie Hebdo*-Morde als „feigen terroristischen Akt" zu verurteilen – wurde das Urteil zu einer achtjährigen Haftstrafe mit 800 Peitschenhieben umgewandelt. Im gleichen Jahr wurde auch der Blogger Raif Badawi wegen „Beleidigung des Islam" öffentlich ausgepeitscht. Im Jahr 2017 erhielt Fayadh den Oxfam Novib/PEN Award for Freedom of Expression.

Fayadhs Vergehen bestand, in den Worten eines Sprechers von Human Rights Watch, in der Missachtung von „regierungskonformen Ansichten" über „Religion, Gesellschaft und Politik". Diese Beschreibung trifft auch auf den viel bekannteren Fall von Pussy Riot zu, der weltweit durch die Medien ging und viel prominente Unterstützung erhielt (u. a. von den Red Hot Chili Peppers, Madonna und Hillary Clinton). Wegen ihrer berühmten, knapp über 1,5-minütigen Flash-Performance in der Moskauer Christ-Erlöser-Kathedrale am 21. Februar 2012 (die man sich immer noch auf Youtube ansehen kann) wurden drei der Bandmitglieder, Nadeschda Tolokonnikowa, Marija Aljochina und Jekaterina Samuzewitsch, bei einem öffentlichen Schauprozess zu einer zweijährigen Freiheitsstrafe in einer Strafkolonie verurteilt (siehe Abbildung 4).

4. Die „blasphemische" Performance von Pussy Riot in der Moskauer Christ-Erlöser-Kathedrale am 21. Februar 2012.

Die Performance war ein Frontalangriff auf Religion, Gesellschaft und Politik, wie dieser Ausschnitt aus den Lyrics deutlich macht:

Jungfrau, Mutter Gottes, vertreibe Putin!
Putin hau ab! Putin hau ab!
Schwarze Kutte, goldene Kappe

Betende kriechen gebeugt [zum Priester während der Eucharistie]
Geist der Freiheit, in den Himmel [gefahren]
Gay-Pride, in Fesseln, nach Sibirien verbannt
Ihr Chefheiliger, Kopf des KGB,
Führt eine Kolonne Protestierender ins Gefängnis
Damit sie den Heiligsten nicht beleidigen
Die Frauen müssen Kinder gebären und lieben
Scheiße, Scheiße, Gottesscheiße!
Scheiße, Scheiße, Gottesscheiße!
Jungfrau Gebärerin Gottes, werde Feministin!
Werde Feministin, werde Feministin!

Die Performance des Punkgedichts fand kurz nach einer Welle von Massenprotesten statt, die sich gegen Wahlbetrug während der Parlamentswahlen und die Ernennung von Patriarch Kyrill Gundjajew, eines ehemaligen KGB-Offiziers, zum Oberhaupt der Russisch-Orthodoxen Kirche gerichtet hatten. Die Zeile über den „Chefheiligen“ aus dem KGB bezieht sich auf Gundjajew, der Wladimir Putin kurz zuvor unglaublicherweise als „Wunder Gottes“ bezeichnet hatte. Doch das Punkgedicht richtete sich nicht nur gegen die Verbindungen zwischen der Russisch-Orthodoxen Kirche und dem Kreml, sondern auch gegen eine Reihe neuer Gesetze, die öffentliche Proteste einschränkten, LGBTQ-„Propaganda" verboten und verpflichtenden Religionsunterricht an säkularen Schulen vorschrieben. Pussy Riot wurde wegen „Hooliganismus aus *religiösem* Hass" und *„reiner … bösartiger Blasphemie"* (meine Hervorhebung) angeklagt. Der russische Staat setzte den Vorwurf der Blasphemie also strategisch ein, um *politischen* Protest zu unterdrücken. Durch den übertriebenen Fokus auf die Sexualität der Bandmitglieder und die Tatbestände des „Angriffs auf religiöse Empfindungen" und der „Verletzung der Gefühle Gläubiger" konnte die Öffentlichkeit von den wichtigen politischen Anliegen der Band abgelenkt werden.

Doch der Fall, der Nabots biblischer Geschichte vielleicht am nächsten kommt, ist Asia Bibi, bzw. Asia Noreen („Bibi" ist einfach ein Beiname für ältere Frauen). Die Mutter von fünf Kindern verbrachte in Lahore acht Jahre in Isolationshaft, weil sie als erste Frau in der Geschichte Pakistans wegen Blasphemie zum Tode verurteilt worden war. 2018 wurde das Urteil vom Obersten Gerichtshof Pakistans jedoch aufgrund mangelnder Beweise wieder aufgehoben. Asia war Wanderarbeiterin in dem kleinen Dorf Ittanwali (was schlicht „Dorf Nummer drei" bedeutet) in der Provinz Punjab. Sie war die einzige christliche Frau im Dorf und gehörte zu einer unteren Kaste. In ihrer Biografie beschreibt sie, dass sie sich als Mitglied einer religiösen Minderheit wie eine „Waise im eigenen Land" fühlte. Am Ende steckte hinter dem Vorwurf der „Blasphemie" gegen Asia Noreen nicht mehr als ein Streit über Falsabeeren, eine Wasserpumpe und eine Ziege – so wie auch Nabot wegen etwas so Banalem wie einem Gemüsebeet und einem Stück Land sterben musste (siehe Abbildung 5).

5. Nabots Weinberg 2010: Die Wasserpumpe in Ittanwali („Dorf Nummer drei"), Punjab, im Zentrum der Asia Bibi-Kontroverse.

In Asias Version der Geschichte, die sie der französischen Journalistin Anne-Isabelle Tollet diktiert hat, gingen die Blasphemievorwürfe auf eine alltägliche Auseinandersetzung zwischen Asia und ihrer langjährigen Feindin Musarat zurück. Die beiden Frauen waren zuvor in Streit geraten, weil Asias Ziege Musarats Wasserkrug beschädigt hatte. Bei der Arbeit auf dem Feld wurde Asia dann von einer Gruppe muslimischer Arbeiterinnen angewiesen, Wasser vom Brunnen zu holen. Anschließend jedoch warfen sie ihr vor, ihre Tasse in das Wasser getaucht und es somit untrinkbar, *haram*, gemacht zu haben. Musarat und die anderen Frauen umzingelten Asia, nannten Jesus einen „Bastard" und forderten sie dazu auf, zu konvertieren und sich selbst vor ihrer „dreckigen Religion" zu retten. Asia wehrte sich und behauptete, Jesus sei Mohammed überlegen und habe die Menschheit gerettet; sie, ihre muslimischen Nachbarinnen, sollten konvertieren.

Die Nachricht von Asias Blasphemie wurde von den Lautsprechern der lokalen Moschee verbreitet, aufgebauscht und mit erfundenen, anzüglichen Details dekoriert. Während Noreens Haft wurde ihr Verteidiger Salman Taseer, ein offener Gegner des Blasphemiegesetzes und Gouverneur der Provinz Punjab, von seinem Leibwächter Mumtaz Qadri ermordet. Qadri wurde zum Tode verurteilt und sein Körper liegt heute in einem mit Rosenblüten geschmückten Schrein am Rande von Islamabad. Auch Shahbaz Bhatti, ein christlicher Politiker der Pakistanischen Volkspartei, wurde ermordet, weil er Asia öffentlich verteidigt und eine Reform des Blasphemiegesetzes gefordert hatte. Nach ihrem Freispruch konnte Asia Noreen das Gefängnis nicht verlassen, weil die Anti-Blasphemie-Partei TLP (Tehreek-e-Labbaik Pakistan) Massenproteste organisiert hatte und ihre Hinrichtung forderte. Asia wurde schließlich in Kanada Asyl gewährt, nachdem sowohl der Vatikan als auch die britische Premierministerin Theresa May ihren Antrag auf bedingungsloses Asyl abgelehnt hatten. In seinem wegweisenden Urteil vom 31. Oktober 2018 verlas der Oberste Gerichtshof Pakistans folgende Erklärung, die an Elijas finstere Botschaft an Königin Isebel und ihren König erinnert:

> Es liegt eine Ironie in der Tatsache, dass der Name der Beschwerdeführerin Asia im Arabischen „sündig“ bedeutet, weil sie in vorliegendem Fall eine Person zu sein scheint, gegen die man in den Worten von Shakespeares König Lear „mehr gesündigt hat, als [sie] sündigte“.

Jesus und Sokrates, die Gründungsväter des Christentums und der Philosophie, genießen einen deutlich höheren Bekanntheitsstatus als Nabot. Es gibt keine berühmten Gemälde von Nabots Tod. Das Sterben von Sokrates und Jesus dagegen ist in unzähligen Kunstgalerien und Kathedralen dargestellt. Es wird häufig behauptet, dass Europa und der sogenannte „Westen" auf den zwei Säulen des Christentums und der klassischen Antike begründet sind. Was dabei aber meist vergessen wird, ist die Tatsache, dass die beiden Gründungsfiguren des Christentums und der Philosophie wegen „Blasphemie" angeklagt und zum Tode verurteilt wurden.

Sokrates (ca. 469–399 v.Chr.) leerte den Schierlingsbecher, nachdem er vom athenischen Gericht wegen *asebeia* („Unfrömmigkeit") angeklagt und verurteilt worden war. Ihm wurde vorgeworfen, ein *Neologe* zu sein: ein Dichter und Erfinder neuer Götter. Wegen seines angeblich verderblichen Einflusses auf die Jugend und weil er „neue Götter erfand und die Existenz der alten verleugnete", wurde ihm der Prozess gemacht.

Der *Euthyphron*, ein philosophischer Dialog, den Platon kurz vor Sokrates' Prozess ansetzte, zeigt beispielhaft, welch philosophisches und theologisches Unheil Sokrates regelmäßig anrichtete – und warum. Sokrates' Gegenspieler, Euthyphron, ist so überzeugt, zu wissen, was gut und heilig ist, dass er sogar seinen eigenen Vater hinrichten lassen möchte. Dieser war durch eine Reihe von Zufällen in einen Todesfall verwickelt gewesen: Ein Tagelöhner, der für Euthyphrons Vater Feldarbeit verrichtete, hatte in einer Schlägerei betrunken und unabsichtlich einen Sklaven getötet; während Euthyphrons Vater bei den Göttern fromm Auskunft darüber einholte, welche Strafe der Schuldige verdiente, starb der Mörder. Der pflichtbewusste Euthyphron ist der nicht sehr differenzierten Ansicht, dass dieser Vorfall seinen Vater zu einem Mörder macht. Ohne Wenn und Aber. Er muss hingerichtet werden, weil die Moral und die Götter es verlangen – und weil die Götter in der Bestrafung ihrer eigenen Väter ein Exempel gesetzt haben. Schließlich sei auch der göttliche Kronos von seinem Sohn Zeus bestraft worden, erklärt Euthyphron eifrig, um sein eigenes Handeln zu rechtfertigen.

Sokrates bringt in diesem Dialog eine Reihe von Argumenten hervor, die für unsere Untersuchung der Blasphemie relevant sind. Wahre Frömmigkeit bedeutet nicht, Straftäter (wie Euthyphrons Vater oder Sokrates selbst, dem der Prozess noch bevorsteht) zu verfolgen und hinzurichten. Denn wie können wir uns über das Wesen des Heiligen und darüber, was den Göttern beliebt oder nicht beliebt, absolut sicher sein, wenn die Götter selbst dauernd untereinander in Streit geraten, weil sie sich nicht einig sind? Daher ist es *gefährlich*, dem Exempel der mythischen Götter – der Art von Göttern, die Körper und Stimmen zu haben scheinen – sklavisch zu folgen. „Auch Krieg glaubst du also wirklich, dass die Götter haben gegen einander, und gewaltige Feindschaften und Schlachten, und viel dergleichen wie es von den Dichtern erzählt wird … Dies alles wollen wir für wahr erklären, Euthyphron?“, fragt Sokrates. Und wie immer hat Sokrates die besseren Argumente. Platons Dialog ruft beim Leser den Eindruck hervor, dass Sokrates' *asebeia* („Unfrömmigkeit“) absolut notwendig ist. Solange fromme Eiferer wie Euthyphron dazu bereit sind, ihren eigenen Vater im Namen der mythischen Götter hinzurichten, ist die Missachtung der alten Götter und die Suche nach neuen Ideen von Gott und dem Heiligen eine wichtige gesellschaftliche und philosophische Aufgabe.

Auch Jesus wurde laut den Evangelien nach Markus und Matthäus wegen Blasphemie angeklagt und verurteilt (genau wie Sokrates, aber anders als Nabot, der nie einen Prozess bekam):

> Aber die Hohenpriester und der ganze Hohe Rat suchten Zeugnis gegen Jesus, auf dass sie ihn zu Tode brächten, und fanden nichts. Denn viele gaben falsches Zeugnis gegen ihn; aber ihr Zeugnis stimmte nicht überein. Und einige standen auf und gaben falsches Zeugnis gegen ihn und sprachen: Wir haben gehört, dass er gesagt hat: Ich will diesen Tempel, der mit Händen gemacht ist, abbrechen und in drei Tagen einen andern bauen, der nicht mit Händen gemacht ist. Aber ihr Zeugnis stimmte auch darin nicht überein. Und der Hohepriester stand auf, trat in die Mitte und fragte Jesus und sprach: Antwortest du nichts auf das, was diese gegen dich bezeugen? Er aber schwieg still und antwortete nichts. Da fragte ihn der Hohepriester abermals und sprach zu ihm: Bist du der Christus, der Sohn des Hochgelobten? Jesus aber sprach: Ich bin's; und ihr werdet sehen den Menschensohn sitzen zur Rechten der Kraft und kommen mit den Wolken des Himmels.
> Da zerriss der Hohepriester seine Kleider und sprach: Was bedürfen wir weiterer Zeugen? Ihr habt die Gotteslästerung gehört. Was meint ihr? Sie aber verurteilten ihn alle, dass er des Todes schuldig sei. Da fingen einige an, ihn anzuspei-

en und sein Angesicht zu verdecken und ihn mit Fäusten zu schlagen und zu ihm zu sagen: Weissage uns! Und die Knechte schlugen ihn ins Angesicht. (Mk 14,55–65)

Das Narrativ des Evangeliums scheint einiges absichtlich im Unklaren zu lassen. Sind die Zeugen falsche Zeugen, wie bei Nabot? Oder hat Jesus tatsächlich etwas gesagt, das seine Ankläger als „blasphemisch", er und seine Gefolgsleute aber als Wahrheit erachten? So oder so ist die „Blasphemie" umstritten und muss in Anführungsstrichen stehen. Denn entweder liegt die Blasphemie allein im Auge und Ohr des Betrachters oder Hörers (was für den einen eine Wahrheit ist, ist für die andere eine Blasphemie), oder sie ist ein erfundener Vorwurf. Nachdem er eine Weile beharrlich geschwiegen hat, sagt Jesus schließlich, er sei der Messias. Für den Hohepriester ist das ein klarer Fall von „Blasphemie". Für die Leser des Neuen Testaments dagegen handelt es sich hierbei um eine Wahrheit, die umso wahrer ist, weil sie schockiert und als „blasphemisch" gilt: Jesus *ist* der Messias.

In der Passage, in der das Evangelium „blasphemisch" verkündigt, dass Jesus der Messias ist, scheint Jesus die Blasphemie absichtlich *vermeiden* zu wollen, indem er den Namen Gottes nicht ausspricht. Anstatt Gott namentlich zu benennen, spricht er in euphemistischer Weise nur von der „Kraft".

Die Geschichten von Jesus und Sokrates werden auf eine Weise erzählt, die uns mit den „Blasphemikern", *nicht* mit den Anklägern sympathisieren lässt. Es gibt im Englischen ein Wort für die „Blasphemiker" (blasphemer), aber nicht für diejenigen, die besonders empfindlich auf vermeintliche „Blasphemien" reagieren oder diese zur Anklage bringen. Das ist ein Problem, denn diese Menschen spielen eine wichtige Rolle, vielleicht eine sogar noch wichtigere als die „Blasphemiker" selbst. Wir sollten ein Wort für sie erfinden, um sie nicht zu übergehen. In Platons Darstellung des Gerichtsprozesses gegen Sokrates werden die Ankläger noch ganz vorurteilsfrei beschrieben. Die Männer Athens respektieren Sokrates' Status als Mitbürger und stellen die Hinrichtung zur Wahl. Erst mit dem Neuen Testament beginnt die Tradition, die Ankläger als verbale Karikaturen darzustellen. Der jüdische Hohepriester der Evangelien kann keine Blasphemie ertragen und reagiert allergisch. Er zerreißt vor Entsetzen seine Kleidung und schreit nach Blut. Andere spucken auf Jesus und externalisieren ihren angeblichen Schmerz, indem sie dem Körper Jesu reale Wunden zufügen.

Der Autor des Evangeliums möchte, dass wir mit dem Opfer mitfühlen und diejenigen verurteilen, die den angeblichen „Blasphemiker" in ihrer Überempfindlichkeit foltern und töten lassen. Daher zeichnet er übertriebene Karikaturen der Ankläger. Thomas Woolston (1668–1773) – ein verurteilter „Blasphemiker", der im Gefängnis ums Leben kam – erkannte, dass die „niederträchtige und unnatürliche Feindseligkeit" und die übertriebene „Empörung" der Juden im Neuen Testament in ihrer Ungeheuerlichkeit nur eine Übertreibung sein können. Viele andere Leser des Neuen Testamentes waren jedoch weniger aufmerksam als Woolston, weshalb diese Karikatur bis heute oft wörtlich genommen wird. Welche Spuren diese bösartige Karikatur in unserer Vorstellungswelt hinterlassen hat, kann man bis heute in Filmen wie Mel Gibsons *Die Passion Christi* und in der Steinigungsszene in Monty Pythons *Das Leben des Brian* sehen.

Noch überzeichneter ist die biblische Karikatur in der Geschichte von der Steinigung des Stephanus, die wie eine Mischung aus dem Prozess gegen Jesus und den erfundenen Vorwürfen gegen Nabot anmutet (Apg 6,8–7,60). Nachdem die Juden den Apostel mit Argumenten nicht übertreffen konnten, „stifteten sie einige Männer an, die sprachen: Wir haben ihn [Stephanus] Lästerworte reden hören gegen Mose und gegen Gott." Als sie Stephanus die Wahrheit sprechen
hörten, „ging's ihnen durchs Herz und sie knirschten mit den Zähnen über ihn". Sie bedeckten ihre Ohren, stürmten auf ihn ein und steinigten ihn in einer Raserei, die mit einem richterlichen Todesurteil nichts mehr zu tun hat. Der heldenhafte Märtyrer Stephanus bittet mit seinen letzten Atemzügen um Vergebung für sie und stirbt.

Parrhesía

Anders als Nabot, der zu seiner Verteidigung nur einen einzigen Satz sagt – „Das lasse der Herr fern von mir sein, dass ich dir meiner Väter Erbe geben sollte!" – und dann still auf dem Land seiner Vorfahren sitzt und abwartet, *sprechen* Jesus und Sokrates und ihre Worte werden ehrfürchtig von den Schreibern in ihrer Gefolgschaft (den Evangelisten bzw. Sokrates' Schüler Platon) festgehalten.

Jesus' und Sokrates' Lehren sind eine Form von *parrhesía.* Dieser Begriff stammt aus dem 5. Jahrhundert und bedeutete zunächst „alles aussprechen" bzw. „mutig sprechen". Die Reden Jesu und seiner Apostel werden im Neuen Testament häufig als *parrhesía* („Freimut") bezeichnet (z. B. Apg 4,13). Die Parrhesie richtet sich dabei immer an höhere Autoritäten, nicht an Untergebene, und geht daher mit einem gewissen

Risiko einher. Der französische Philosoph Michel Foucault drückt es so aus:

> In der *parrhesía* drückt der Sprecher sein persönliches Verhältnis zur Wahrheit aus und riskiert sein Leben, weil er das Wahrsprechen als seine Pflicht gegenüber anderen Menschen (und sich selbst) anerkennt. In der Parrhesie macht der Sprecher von seiner Freiheit Gebrauch, indem er Freimut über Überredung, Wahrheit über Lüge oder Schweigen, Lebensgefahr über Sicherheit, Kritik über Schmeichelei und moralische Pflicht über Eigeninteressen und moralische Apathie stellt.

Sokrates bezeichnete sich selbst bekannterweise als „Stechfliege", deren gottgegebene Aufgabe es sei, die Bürger Athens zu „stechen". Jesus war Galiläer und wuchs unweit der im heutigen Jordanien gelegenen Stadt Gadara auf, in der die „hündischen" Kyniker (von *kýōn,* Hund) aktiv waren, die mit den Konventionen der menschlichen Gesellschaft brachen und als *bissig* galten. Jesus war, wie die Kyniker, ein heimatloser Reisender, der nur Stab, Tasche und Mantel bei sich trug und seinen Anhängern riet, wie die Tiere, Pflanzen und Kinder zu leben (Mt 6,25–34). Er ging nicht *ganz* so weit wie der Kyniker Diogenes, der für öffentliche Unruhe sorgte, weil er offen masturbierte und dabei rief: „Könnte man doch den Bauch auch ebenso reiben, um den Hunger loszuwerden!" Aber er war laut einigen biblischen Überlieferungen gar nicht so weit davon entfernt. Der aufwieglerische Galiläer soll sinngemäß Sachen gesagt haben wie „Ihr seid nicht Söhne Abrahams … ihr habt den Teufel zum Vater" oder „Ihr könnt mir nicht folgen, solange ihr nicht euren Vater, eure Mutter und eure Familie verlassen habt". Und als er nach Jerusalem eingezogen war, um dort für Aufruhr zu sorgen, sagte er: „Reißt diesen Tempel nieder, in drei Tagen werde ich ihn wieder aufrichten." (Joh 2,19).

Die Worte dieser beiden Lehrer werden als ein absolut notwendiger Schock dargestellt. Sokrates *muss* etwas tun, um Leichtgläubige wie Euthyphron davon abzuhalten, Grausamkeiten im Namen der mythischen Götter und der Poesie zu begehen. In den Evangelien wird beschrieben, wie eine neue religiöse Bewegung, das Christentum, aus einer Blasphemie hervorgeht. George Bernard Shaw brachte es mit folgender Aussage auf den Punkt: „Jede große Wahrheit beginnt als Blasphemie." Neue Wahrheiten sind immer skandalös, blasphemisch. Wären sie das nicht, dann wäre an ihnen nichts Neues. Sie wären einfach eine Abwandlung von alten Wahrheiten. Daher müssen neue Offenbarungen immer mehr sein als harmlose Modifikationen einer bereits feststehenden Wahrheit.

Sokrates und Jesus starben als „Blasphemiker" für ihre Wahrheit.

Der säkulare Held

Am 7. Januar 2015 stürmten die Brüder Chérif und Saïd Kouachi das Pariser Büro des Satiremagazins *Charlie Hebdo*, erschossen zwölf Menschen und verletzten elf weitere. Es folgten drei Tage des Horrors, während derer bei einem Überfall auf einen Hyper Cacher Supermarkt für koschere Waren mehrere Menschen als Geiseln genommen und vier Juden ermordet wurden. Weil viele Zeugen davon berichteten, dass

die Kouachi-Brüder „Wir haben den Propheten Mohammed gerächt! Wir haben Charlie Hebdo getötet!“ gerufen hatten, wurden die Gräueltaten allgemein als eine neue Schlacht in dem alten Kampf zwischen Religion und Säkularisierung eingeordnet, als ein schreckliches Wiederaufflammen von religiöser Gewalt gegen „Blasphemiker“. Daher drehte sich die öffentliche Debatte im Nachgang dieser grauenvollen Taten
 vor allem um *Charlie Hebdo* und die „Blasphemie“, während andere Aspekte des Geschehens, die nicht zum Blasphemienarrativ passten (wie zum Beispiel der Angriff auf den koscheren Supermarkt), viel weniger Aufmerksamkeit bekamen.

In den Tagen nach den Angriffen versammelten sich große Menschenmengen auf der Place de la République im Zentrum von Paris, um ihrer Trauer und Wut in einer Gedenkfeier Ausdruck zu verleihen, die Ähnlichkeit mit einer katholischen Messe hatte. Bald schon war der Platz ein Meer aus Kerzen, Stiften, Fahnen und Plakaten. Für viele Protestierende war die Verteidigung der Meinungsfreiheit gegen die Religion das Hauptanliegen: eine Wiederauflage des alten Kampfes zwischen dem säkularen französischen Staat und der katholischen Kirche. Auf einem der Transparente stand: „Stoppt den Krieg. Gott, Religionen und Aberglauben werden verschwinden. Charlies Geist *(l'esprit)* ist unsterblich.“ Das französische Wort *l'esprit* kann nicht nur Geist, sondern auch Mut und Courage bedeuten.

Kurz nach den Massakern veröffentlichten Régis Debray und Didier Leschi ein kleines rotes Buch mit dem Titel *La laïcité au quotidien: Guide pratique*. Das Buch behandelt den Konflikt zwischen Religion und Säkularismus und enthält Einträge zu Themen wie „Eifer“, „Beschneidung“, „Karikatur", „Kopftuch", „Beleidigung und Blasphemie" und „Politik und Glauben". Im Eintrag zur „Karikatur" steht Folgendes:

> Satirische Zeichnungen stehen an der Frontlinie des säkularen (laizistischen) Regimes und markieren in der internationalen Arena den wahren Unterschied zwischen Staaten, die wir als säkular, und Staaten, die wir als klerikal bezeichnen können. Überall, wo die politische Macht sich als geistliche manifestiert, wird dem Karikaturisten die Luft abgeschnitten.

Doch selbst dieses Manifest ist manchmal zwiespältig. Im Eintrag zur „künstlerischen Freiheit" lehnen die Autoren jede gesetzliche Regulierung zwar ab – fügen aber hinzu, dass „ein bisschen Anstand" der Freiheit keinen Abbruch tut und dass das Blasphemieren nicht als eine säkulare Pflicht im Sinne eines laizistischen „Morgengebets" verstanden werden sollte.

Einige Kommentatoren der *Charlie Hebdo*-Morde haben, ohne die Gräueltaten in irgendeiner Weise zu rechtfertigen oder die Opfer zu beschuldigen, angemerkt, dass das Karikieren von religiösen Minderheiten nicht so einfach als ein Akt dessen verstanden werden kann, was die Anthropologin Saba Mahmood als „säkulares Heldentum" bezeichnet: eine Neuauflage des mutigen Kampfes der Aufklärung gegen die repressiven Kräfte der europäischen Kirche. Das Problem ist, dass Religionen nicht über einen Kamm geschert werden können. Nicht alle Religionen sind gleich. Es macht einen Unterschied, ob man sich über die herrschenden religiösen Autoritäten im eigenen Land lustig macht oder die heiligen Wahrheiten und Persönlichkeiten religiöser und ethnischer

Minderheiten auf die Schippe nimmt. Außerdem erlaubt es das „Säkularismus versus Religion"-Narrativ westlichen Staaten, ihre eigene Geschichte unter den Teppich zu kehren und sich an der Vorstellung zu erbauen, immer schon auf der Seite der religiösen Freiheit und des Rechts auf Nichtglauben gewesen zu sein.

Viele sind schockiert, wenn sie vom Ausmaß der Blasphemieverfolgung in Europa erfahren oder wenn man ihnen erzählt, dass der letzte Mann, der im Vereinigten Königreich wegen Blasphemie ins Gefängnis musste, der Hosenhändler John William Gott aus Bradford war, der 1921 zu neun Monaten Zwangsarbeit verurteilt worden war. Als 1989 in Bradford die Affäre rund um die *Satanischen Verse* ausbrach, erinnerte sich niemand mehr an Gott, der nur 67 Jahre (ein Menschenleben) zuvor inhaftiert worden war. Eine Gedächtnislücke, die für sich spricht.

Blasphemiker wurden in Großbritannien traditionell mit sozialen Strafen belegt, die auch als „Zivilbehinderungen" (civil distabilities) bezeichnet wurden. Wir sollten für einen Moment innehalten und über diesen Begriff nachdenken: *Zivilbehinderungen.* Nach dem Gesetz für „die Unterdrückung von Blasphemie und Profanität" (William III.) aus dem Jahr 1697 sollten Christen, die sich der Blasphemie schuldig gemacht hatten, „per Gesetz in jeder Hinsicht daran gehindert werden, irgendein Amt … eine Anstellung … oder einen kirchlichen, zivilen oder militärischen Dienst anzutreten oder irgendeinen Profit oder Vorteil aus solchen Stellungen zu beziehen". Sie sollten *zivil behindert* und vom öffentlichen Leben ausgeschlossen werden. Wegen Blasphemie konnten nur anglikanische Christen bestraft werden, weil Mitglieder anderer Glaubensgemeinschaften – d. h. Juden, Katholiken und Nonkonformisten (die einzigen Religionen, die zu dieser Zeit gesellschaftlich sichtbar waren) – sowieso kein öffentliches Amt antreten durften: Sie wurden schon zivil behindert, weil sie die Voraussetzungen für die Teilnahme am öffentlichen Leben nicht erfüllten. Nur Männern (und nicht Frauen), die die heilige Kommunion nach den Riten der Kirche von England empfangen und dem König als Oberhaupt der Kirche von England ihre Treue geschworen hatten, war es erlaubt, zu den glanzvollen Eliten des Parlaments, der Universitäten oder der Gerichte aufzusteigen. Für Christen und Nonkonformisten wurden diese Zivilbehinderungen 1828 abgeschafft, für Juden 1858 und für bekennende Atheisten 1888.

Die Vorstellung vom „säkularen Helden“ mag im Kontext des multikulturellen Frankreichs des 21. Jahrhunderts problematisch sein. Doch sie trifft umso besser auf die Blasphemiekontroversen im 18., 19. und frühen 20. Jahrhundert zu. Charles Bradlaugh, der erste bekennende Atheist im britischen Parlament, wurde auf der Straße mit Steinen beworfen. Sein Freund und Begleiter George Foote wurde 1882 zu einem Jahr Zwangsarbeit verurteilt, weil er in seiner Zeitung *The Freethinker* „blasphemische“ Karikaturen veröffentlicht hatte. Diese „Blasphemiker“ waren in Wirklichkeit Aktivisten: Sie blasphemierten absichtlich, um für die neuen, skandalösen Ideen des Säkularismus und die Religionsfreiheit zu kämpfen.

Ein Coming-out als Säkularist oder Freidenker war im 19. und frühen 20. Jahrhundert so gefährlich und umstritten wie ein Coming-out als Homosexueller in den 1960er-, 1970er- und 1980er-Jahren. Wie auch die Vorkämpfer der Homosexuellenrechte mussten die Freidenker die Gesellschaft aufrühren, um eine neue Identität zu erschaffen und öffentlich sichtbar zu machen. Die neuen Tempel und Kirchen des Säkularismus, Conway Hall oder die Old Street Hall of Science in London (umgangssprachlich auch The Blasphemy Shop genannt), und Zeitungen wie *The Black Dwarf, The Republican, The Freethinker* und der *Boston Investigator* waren die Äquivalente des berühmten Stonewall Inn und der *Gay News*. Gebäude wie die Conway Hall wurden den nonkonformistischen Kirchen nachempfunden und die Menschen nahmen dort zu Tausenden an öffentlichen Vorlesungen teil. Billige Flugblätter wie *The Freethinker* brachten ihre „blasphemischen" Ansichten zum „Volkspreis" von einem Penny unter die Leute.

Wir haben in Kapitel 1 gesehen, dass die Blasphemie in den späten 1960er- und frühen 1970er-Jahren vermehrt mit der Sexualität und speziell mit der Homosexualität in Verbindung gebracht wurde – und zwar so stark, dass schwule Jesusse und andere heilige Figuren bis heute eines der verbreitetsten Blasphemiememes sind. Diese Hinwendung zur Homosexualität mag neu sein, doch tatsächlich geht es bei Blasphemien schon seit Jahrhunderten häufig um Sex. Nur die Grenzen des Denkbaren und sexuell Anstößigen haben sich verschoben.

Die meisten verurteilten Blasphemiker im Großbritannien und Nordamerika des 19. und frühen 20. Jahrhunderts verfolgten ähnliche Ziele. Sie kämpften für eine Reihe von Freiheiten, die ihrer Ansicht nach nicht voneinander zu trennen waren: 1. für die Freiheit des Denkens (die Freiheit von religiöser Orthodoxie); 2. für die freie Meinungsäußerung (die Pressefreiheit); 3. für gleiche politische Repräsentation (das universelle Wahlrecht), manchmal in Verbindung mit einer linken, anarchistischen Politik; und häufig auch 4. für die se-

xuelle Freiheit (soweit diese im Rahmen der damaligen gesellschaftlichen Realität eben vorstellbar war) und insbesondere das, was wir heute als Empfängnisverhütung bezeichnen. Die Blasphemie war also ein Verbrechen, das auf der einen Seite die intimsten Sphären (das Private und die Sexualität) betraf und auf der anderen Seite das öffentliche Leben (die Politik). Mit den neuen Obszönitätsgesetzen des 19. und 20. Jahrhunderts verschwammen die Grenzen zwischen Blasphemie,
Volksverhetzung und Obszönität immer mehr. Die Blasphemie war also nie eine rein religiöse Angelegenheit (was auch immer das heißen mag). Sie betraf schon immer die Politik und sehr häufig auch die Sexualität.

John Gott, der letzte Mann, der in Großbritannien wegen Blasphemie hinter Gitter kam, war ein Blasphemiker par excellence. In seinem „blasphemischen" Pamphlet *Rib-Ticklers, or Questions for Parsons* warb er großflächig für ein ganzes Bündel von Flugschriften, wie z. B. *Britain's Discrace. An Urgent Plea for Old Age Pensions, Funny Bible Stories, Illustrated* und *Sex Radicalism (Prosecuted Issue).* Die gleichen Flugblätter prägten auch das „blasphemische" politische Programm von Richard Carlile im Vereinigten Königreich und Abner Kneeland in den USA. Richard Carlile (1790–1843) wurde im Rahmen der 1819 verabschiedeten Six Acts zu einer 6-jährigen Gefängnisstrafe verurteilt und saß damit so lang wie kein anderer in Großbritannien wegen Blasphemie im Gefängnis. Zu den Six Acts gehörte der Seditious Meeting Act, der öffentliche Zusammenkünfte von mehr als fünfzig Personen zum Thema Kirche und Staat untersagte; der Newspapers and Stamp Duties Act, der die Zeitungssteuer erhöhte und Herausgeber per Pfandbrief zu einem regelkonformen Verhalten

verpflichtete; und der Blasphemous and Seditious Libels Act, der bereits existierende Gesetze verschärfte und für Blasphemien eine Höchststrafe von bis zu vierzehn Jahren Strafkolonie vorsah. Carlile wurde verurteilt, weil er die „blasphemischen“ Werke des revolutionären politischen Theoretikers Tom Paine in Form von billigen Flugschriften veröffentlicht, und in seinen Zeitungen *The Black Dwarf* und *The Republican*
50 Witze über die Heilige Schrift und die Liturgie abgedruckt hatte. Darunter diese wunderbare Parodie auf das Herrenhaus des Britischen Parlaments: „Der HERR gibt und die HERREN nehmen. Gepriesen seien die Herren“, sowie William Hones *Political Litany … to be said or sung, until the appointed change come.* Homes Spottschrift enthielt auch Bittgebete der Untertanen:

> Oh gnädige, edle, recht ehrenhafte und gebildete Herrscher unseres Landes … habt Erbarmen mit uns, dem von Armut geplagten Volke.
> Bewahre uns, oh Prinz, vor fremder Schuld, unverdienten Renten und Ruheständen … vor Hungerleid [und] vor einem Parlament, das von nur jedem zehnten Steuerzahler gewählt wurde.
> Wir flehen euch an, erhöret uns, oh Herrscher! Auf dass ihr allen Ausgaben der Königlichen Familie die Grenzen der Ökonomie setzet …

Religiöse Satire geht hier in Spott über das Herrenhaus, das politische Establishment und die Königliche Familie über. Die ehrfurchtsvolle Sprache des Katechismus und der Liturgie wird benutzt, um die bittstellende Abhängigkeit der Mehrheit gegenüber den Herrschenden zu parodieren. Eine Strategie, die häufig in Blasphemien zur Anwendung kommt. In Zeitungen wie *The Black Dwarf* und *The Republican* wurden hochheilige Geschichten durch volkstümliche Balladen oder Lieder sabotiert – so wie Pasolini später die Heiligkeit der Kreuzigungsszene dadurch untergraben würde, dass er im Hintergrund Carolo Rustichellis *Ricotta Twist* abspielen ließ.

Carlile, der in Großbritannien länger als kein anderer wegen Blasphemie im Gefängnis saß, veröffentlichte auch die erste Darstellung des Peterloo Massakers, das im August 1819 in Manchester stattgefunden hatte. Er verbreitete so die Nachricht von dem Blutbad, das betrunkene Kavalleristen mit ihren Säbeln in einer Menge von 60 000 bis 80 000 friedlichen Protestierenden angerichtet hatten, die eine Parlamentsreform und eine Ausweitung des Wahlrechts eingefordert hatten. Er war auch der Erste, der in Großbritannien ein Buch über Empfängnisverhütung schrieb. Während seiner Gefängnisstrafe wegen blasphemischer Beleidigung schrieb Carlile das Buch *Every Woman's Book; or, What is Love?*, das für rudimentäre Empfängnisverhütung, sexuelle Lust und die „moralische Ehe" (eine monogame Ehe, die bei mangelnder Liebe wieder geschieden werden konnte) eintrat – und einen Skandal auslöste. Das Buch war ein Angriff auf die Unterdrückung der sexuellen Freiheit durch eine Kirche, die „die Kreuzigung der körperlichen Lüste für ein großes Verdienst" hielt. Auf dem Buchdeckel der ersten Ausgabe (der später nicht mehr abgedruckt wurde) waren Adam und Eva ohne ihre wohlplatzierten Feigenblätter zu sehen (siehe Abbildung 6).

Abner Kneeland, der 1834 wegen Blasphemie sechzig Tage in einem Bostoner Gefängnis verbringen musste,

6. Adam und Eva ohne ihre wohlplatzierten Feigenblätter auf dem Deckblatt von Richard Carliles Every Woman's Book; or, What is Love? (1826).

veröffentlichte in seiner Zeitung *Boston Investigator* Vorlesungen seiner britischen Freidenkerkollegen, u. a. auch von Richard Carlile und seiner Partnerin (bzw. „moralischer

Ehefrau“) Eliza Sharples. Freidenkergemeinschaften auf beiden Seiten des Atlantiks machten gemeinsame Sache. Abner Kneelands „Blasphemie“ war, wie Carliles, gesellschaftlicher, religiöser, politischer, sexueller – aber auch ethnischer Natur. Kneeland war bekennender Freidenker und Demokrat im damals eher konservativ geprägten Boston. Er war mit dem Abolitionisten Francis Wright befreundet und befürwortete nicht nur die Abschaffung der Sklaverei, sondern auch Mischehen, was damals sehr ungewöhnlich war. 1832 veröffentlichte Kneeland die zweite Ausgabe der *Fruits of Philosophy, or the Private Companion of Young Married People* seines Freundes und Freidenkerkollegen Dr. Charles Knowlton. Hinter dem harmlosen Titel *Fruits of Philosophy* verbarg sich ein Buch über Empfängnisverhütung, das im Miniaturformat erschien und so (wie die winzige volkssprachliche Bibel der protestantischen Reformation) in einer Hosentasche oder Hand versteckt werden konnte.

Der *Boston Investigator* verfolgte ein ganz ähnliches politisches Programm wie Carliles *Republican*. Die Titelseite zierte die Zeichnung einer Druckerpresse, an der ein Banner mit der Aufschrift „Feind der Tyrannen, Freund des Volkes“ befestigt war. Darunter, in der „Arbeitersektion“, prangten Parolen wie „Bildung für alle“, „Keine Religionsgesetze“, „Gleiche Besteuerung von Besitz“ und „Ende der Schuldhaft“. Kneeland wurde nicht so sehr wegen blasphemischer Inhalte verurteilt, sondern weil er diese Inhalte massenhaft unter die Leute gebracht hatte. So hieß es in der Anklageschrift: „Sein Journal, eine Zeitung, ist billig und wird an Tausende Familien versandt. Wo ein einziger Mann von Hume, Gibbon oder Volney verdorben wird, mögen Tausende von dieser sehr weit verbreiteten und schnell gelesenen Zeitung verdorben werden." Nach seiner Haftstrafe ließ der enttäuschte Kneeland Boston hinter sich und zog nach Salubria, Iowa, um eine Freidenkerkolonie zu gründen.

Die Schicksale von Kneeland und Carlile sind nur Experten bekannt, weil sie nicht in das liberale Selbstbild des Vereinigten Königreichs und der USA (und einer progressiven Stadt wie Boston insbesondere) passen. Kneelands Fall, seine Flucht aus dem „liberalen" Boston in das heute als eher religiös und konservativ geltende Iowa, mag da besonders überraschen. Der Erste Zusatzartikel zur Verfassung der Vereinigten Staaten lautet bekanntermaßen: „Der Kongress soll kein Gesetz erlassen, das eine Einrichtung einer Religion zum Gegenstand hat oder deren freie Ausübung beschränkt, oder eines, das Rede- und Pressefreiheit oder das Recht des Volkes, sich friedlich zu versammeln und an die Regierung eine Petition zur Abstellung von Missständen zu richten, einschränkt." Man sollte also eigentlich meinen, dass die „Blasphemie" in den USA noch nie ein Thema war. Tatsächlich hatten es „Blasphemiker" in Europa und insbesondere Großbritannien deutlich schwerer als in den USA. Carlile musste für sechs Jahre ins Gefängnis, Kneeland nur für sechzig Tage. Kneeland war zwar der Letzte, der in den USA wegen Blasphemie eingesperrt wurde; das bedeutet aber nicht, dass Blasphemien nicht weiter strafrechtlich verfolgt wurden. Erst über ein Jahrhundert nach Kneelands Fall, im Jahr 1952, urteilte der Oberste Gerichtshof der Vereinigten Staaten (im Fall *Joseph Burstyn, Inc. vs. Wilson),* dass die nationalen Blasphemiegesetze eine verfassungswidrige Einschränkung der Meinungsfreiheit darstellten. Trotzdem gibt es in sechs Bundesstaaten bis heute Blasphemiegesetze: Michigan, Oklahoma, South Carolina,

Wyoming, Pennsylvania und Massachusetts, wo auch Abner Kneeland angeklagt wurde. In Pennsylvania schwelte der letzte Blasphemieprozess von 1977 bis 2010 vor Gericht.

Wir müssen nicht weit in der Geschichte der USA oder Großbritanniens zurückgehen, um auf das Nabot-Problem zu stoßen: „Blasphemie" als Deckmantel der Realpolitik. Im 19. und 20. Jahrhundert wandten sich Freidenkeraktivisten im Kampf gegen die britischen Blasphemiegesetze häufig (und vergeblich) gegen die falsche Vorstellung von der Blasphemie als rein religiöse Angelegenheit. Lord Justice Sir J. F. Stephens warnte 1884, dass Blasphemievorwürfe nichts als „ein Vorwand sind, um private Bösartigkeiten mit dem Deckmantel der Religion zu verhüllen". Eine Delegation der Gesellschaft für die Abschaffung der Blasphemiegesetze wies den Innenminister im Jahr 1924 darauf hin, dass die Blasphemiegesetze in den letzten zwei Jahrhunderten dazu gedient hatten, „politische Unruhen … Urheberrechte … elterliche Sorgerechte … und die Auszahlung von Erbschaften einzuschränken, wenn diese Erbschaften für anti-christliche Zwecke genutzt werden könnten". Blasphemieprozesse richteten sich meist gegen den „Säkularismus" und all die sexuell und politisch gefährlichen Ansichten, die mit diesem einhergingen. Sie sollten den Säkularisten bzw. Sozialisten alle Ressourcen nehmen und ihre gesellschaftliche Position unhaltbar machen. Auch wenn in den USA und in Großbritannien im 19. Jahrhundert niemand mehr wegen Blasphemie hingerichtet wurde, unterscheidet diese Politik der öffentlichen Tabuisierung sich in ihrer Logik gar nicht so sehr davon, wie Staaten wie Pakistan, Iran oder Ägypten mit Ex- und „falschen" Muslimen (etwa den Ahmadiyya-Muslimen oder Anhängern des Bahaismus) umgehen.

Infolge dieses säkularen Aktivismus etablierten sich neue Normen der Religionsfreiheit und der Freiheit *von* der Religion, inklusive des Rechts darauf, keiner Religion anzugehören. Der Gedanke der Blasphemie in Anführungszeichen bekam in diesem Kontext eine neue Bedeutung. Der verurteilte

„Blasphemiker“ George Foote wird in diesem Kontext häufig von Säkularistenverbänden und Aktivisten für die weltweite Abschaffung von Blasphemiegesetzen mit folgender Aussage zitiert:

> Atheisten werden häufig wegen Blasphemie angeklagt, dabei können sie sich dieser unmöglich schuldig machen. Wenn der Atheist Götter hinterfragt, anprangert oder parodiert, *hat er es nicht mit Personen zu tun, sondern mit Ideen.* Er kann Gott gar nicht beleidigen, weil er nicht an die Existenz eines solchen Wesens glaubt.

In seinem posthum veröffentlichten *Brief an die Heuchler* bringt Stéphane Charbonnier, einer der ermordeten Karikaturisten von *Charlie Hebdo,* ganz ähnliche Argumente vor: „Ein Ungläubiger kann gar kein Blasphemiker sein, egal wie sehr er es versucht.“

In seiner öffentlichen Reaktion auf die *Charlie Hebdo*-Morde erklärte der französische Premierminister Manuel Valls, die Bürger Frankreichs müssten weiter blasphemieren, „um zu beweisen, dass es in Frankreich keine Blasphemie gibt“. Es geht hier also im Kern um zwei Argumente: 1. Die Verletzung von Ideen, Ideologien oder Glauben hat nichts mit der Verletzung von Menschen und realen Körpern zu tun (in den Worten Footes: es gibt keinen Grund, „die Geister zu schonen“); und 2. Weil es keine Götter gibt, kann es auch keine Blasphemie geben.

Darin unterscheidet sich dieses Narrativ von der Geschichte von Nabots Weinberg. Für die modernen Atheisten und Säkularisten gibt es schlicht keine „Blasphemie“, egal unter welchen Umständen. Die „Blasphemie“ steht immer in Anführungszeichen, genau wie „Gott“ und die „Religion“. Für den biblischen Autor dagegen ist die Blasphemie durchaus eine Möglichkeit, jedoch nicht im Falle Nabots. Hier ist der Blasphemievorwurf falsch; doch der wahre Gott, der diesen falschen Blasphemievorwurf im Namen der Wahrheit bestraft, existiert sehr wohl.

Im frühen 20. Jahrhundert erklärten Autoren wie G. K. Chesterton und T. S. Eliot die Blasphemie für tot – vorschnell, wie sich zeigen sollte. In seinem Essayband *Heretics* (1905) schrieb Chesterton:

> Die Blasphemie … beruht auf philosophischen Überzeugungen. Sie beruht auf dem Glauben und verschwindet mit diesem. Wer daran zweifelt, sollte sich einmal hinsetzen und ernsthaft versuchen, einen blasphemischen Gedanken über Thor zu denken. Ich denke, seine Familie wird ihn am Ende des Tages sicherlich im Zustand einiger Erschöpfung antreffen.

In *After Strange Gods: A Primer on Modern Heresy* (1934) erklärte Eliot bekanntermaßen:

> Die Blasphemie der modernen Welt hat nichts mehr mit dem zu tun, was sie im ‚Zeitalter des Glaubens' war … Niemand, der nicht von einem tiefen Glauben an das, was er beleidigt, erfüllt ist, kann heute noch blasphemieren, außer in dem Sinne, in dem man behaupten kann, *dass ein Papagei flucht*.

 Eliot und Chesterton sind sich (genau wie George Foote) einig, dass eine wahre Blasphemie *nur von Gläubigen begangen werden kann* und dass man nur gegen Götter oder Ideen blasphemieren kann, an die man wirklich glaubt. Der Komiker Stewart Lee schlägt in seiner Dokumentation *Don't Get Me Started: What's Wrong with Blasphemy?* in eine ganz ähnliche Kerbe. Der Film entstand in Reaktion auf die Proteste der Organisation Christian Voice gegen sein Musical *Jerry Springer: The Opera* aus dem Jahr 2005. In einer Szene interviewt Lee Alan Moore, einen Gläubigen aus Northampton, der in seiner Gartenhütte in vollem Ernst den römischen Schlangengott Glykon anbetet. Die Vorstellung, man könne im Großbritannien des 21. Jahrhunderts gegen Thor, Glykon, Ishtar oder Wotan blasphemieren, kann nur ein Witz sein. Vor allem, wenn man bedenkt, dass der „Gott" Glykon vom römischen Satiriker Lukian als Fake geoutet wurde.

Chesterton und Eliot sind der Meinung, dass man für eine *wahre* Blasphemie mehr tun muss, als nur mit gesellschaftlichen Konventionen und guten Manieren zu brechen. Eliot macht sich über eine Welt lustig, in der die Menschen wie *Papageien* und ohne auch nur die geringste Gefühlsregung „Blasphemien" daherplappern, während die moralische Mehrheit sich von „der Beleidigung einer Gottheit, an die sie in ihrem Innersten schon lange nicht mehr glaubt", besonders schockiert zeigt. Laut Eliot haben die Menschen den Glauben an die Götter und an die Königliche Familie verloren und versuchen im Namen der guten Manieren und aus Gewohnheit, den Schein zu wahren. Er stellt außerdem fest, es gäbe keine Blasphemie mehr, weil der „ökonomische Determinismus" der neue „Gott ist, vor dem wir ehrfürchtig niederknien" und der die alten Götter ersetzt habe. Eine erstaunliche Beobachtung für das Jahr 1934.

Der Gedanke der „Blasphemie in Anführungszeichen" bekommt hier also einen neuen Twist: Chesterton und Eliot *bedauern,* dass es statt Blasphemien nur noch „Blasphemien" gibt, weil diese Entwicklung das allgemeine Verschwinden von Pflichtgefühl und Glauben widerspiegelt. Eliot dachte dabei nur an den religiösen Glauben. Chesterton dagegen bezog auch alle philosophischen und politischen Überzeugungen mit ein, inklusive derjenigen bekennender Atheisten und Aufklärer, die so hart für ihre häretische Freiheit gekämpft hatten. Auf das Leid von Menschen wie Richard Carlile, Abner Kneeland oder George Foote zurückblickend schreibt Chesterton, dass „selbst der Atheismus uns heute zu theologisch ist", weil wir keine politischen, theologischen und philosophischen „Überzeugungen", keine „großen Ideen und Visionen" mehr haben und nicht mehr „nach den Sternen greifen". In einer lustigen Passage vergleicht er die gute alte Zeit, in der die Menschen noch unverstellt für große Ideen wie „Freiheit, Gleichheit und Brüderlichkeit" eintraten und kein „Prozess" sich zwischen die Menschen und ihre Ziele stellte, mit einer Gegenwart (d.h. dem Jahr 1905), in der wir uns alle in Metadiskursen und „Effektivitätsberechnungen" verlieren:

> Wenn man [in der Vergangenheit] einmal einen Mann eine Treppe hinuntertreten wollte, dann sagte man nicht: „Wenn ich jetzt mein rechtes Bein aufs Effizienteste hebe und dabei, Sie werden es merken, die sich in einem exzellenten Zustand befindende Oberschenkel- und Wadenmuskulatur anspanne, dann …" Damals herrschte ein ganz anderes Lebensgefühl. Man war so von der Schönheit der Vorstellung des am Fuße der Treppe auf dem Boden liegenden Mannes erfüllt, dass man sofort und ohne weiter darüber nachzudenken zutrat …

Chesterton bedauert, dass die Unmittelbarkeit dieses automatischen, reflexhaften Handelns abhandengekommen ist. Eine ähnliche Metapher benutzte ein zeitgenössischer christlicher Autor, der in den 1970er-Jahren seine tief sitzende, fast schon physische Reaktion auf eine Blasphemie mit dem Gefühl verglich, „das man bekommt, wenn jemand in das eigene Haus einbricht", oder mit der „redlichen Empörung", die aufwallt, wenn „jemand das Innerste deiner Psyche berührt". Chestertons und Eliots Äußerungen über die neuen Götter der Ökonomie und die lähmende Kraft der „Effizienz" wirken seltsam zeitgemäß. Sie scheinen in unserem „postfaktischen" Zeitalter wieder an Relevanz zu gewinnen, weil viele den Verlust großer politischer Visionen beklagen: die große Idee, für die wir schreiben, handeln, treten – oder sogar sterben würden.

G. K. Chesterton wirft auch eine weitere Frage auf, die kürzlich von Wissenschaftler:innen wie Robert Yelle und David Tollerton wieder aufgegriffen wurde: Gibt es „säkulare Heiligtümer" und somit auch „säkulare Blasphemien"? Worin unterscheiden sich ein zerstörter Koran oder eine „blasphemische“ Kreuzigung von der Leugnung des Holocaust oder Angriffen auf das heilige Stückchen Stoff einer Nationalfahne? Kann das manchmal etwas unbeholfene mediale Verpixeln von beleidigenden Mohammedkarikaturen mit der respektvollen Weigerung des *Guardian* verglichen werden, die öffentliche Ermordung George Floyds abzubilden? Oder mit der ethischen Debatte darüber, ob Fotografien des toten Körpers des geflüchteten Kindes Aylan Kurdi medial verbreitet werden dürfen? Können oder sollen wir zwischen den brutalen Verbrechen des saudischen Regimes gegen Jamal Khashoggi und jenen gegen Raif Badawi oder Ashraf Fayadh unterscheiden? Wäre es hilfreich, die Auswirkungen von Blasphemiegesetzen, die bestimmte Worte, Namen oder Gesten verbieten, mit den Auswirkungen der von Google für China entwickelten (und 2019 wieder eingestellten) Suchmaschine *Dragonfly* zu vergleichen, die keine Suchanfragen zu (heiligen) Begriffen wie „Religion“ oder „Menschenrechte“ zuließ? Fühlen sich manche Leute von dem berühmten Song *Always Look on the Bright Side* aus Monty Pythons *Das Leben des Brian* beleidigt, weil er sich über Folter und menschliches Leid und/oder über Christus lustig macht, während andere den Song auf Beerdigungen abspielen lassen?

Schon seit James Naylers Verurteilung wegen „der Beleidigung der Ehre Gottes und der Zerstörung der menschlichen Gesellschaft“ sind die Grenzen zwischen dem Heiligen und dem Sozialen fließend, wenn es um Blasphemien geht. Heute spielt in vielen Blasphemiefällen der Ethnonationalismus, der sich meist gegen ethnische und religiöse Minderheiten richtet, eine wichtige Rolle. Unterscheidet sich die Entfernung von Maqbool Fida Husains *Bharat Mata (Mother India*, eine

Karte, die Indien als nackte Frau darstellt) aus der Londoner Asia Gallery im Jahr 2007 wirklich so sehr von der Entfernung von John Lathams Kunstwerk *God is Great* aus der Tate Gallery kurz nach den Londoner Terroranschlägen im Jahr 2005? Oder ist der Unterschied rein technischer Art, weil nur dasjenige der beiden Kunstwerke offiziell für „blasphemisch" erklärt wurde, das Gott beim Namen nennt?

Im Jahr 2005, kurz nach den Londoner Bombenanschlägen vom 7. Juli, wurde das Kunstwerk *God is Great* (bestehend aus einem von einer Glasplatte zerschnittenen Neuen Testament, Talmud und Koran) des Künstlers John Latham eilig aus einer Ausstellung der Tate Gallery entfernt. Vertreter des Muslim Council of Great Britain kritisierten, nicht zurate gezogen worden zu sein, und warnten davor, *potenziell* kontroverse Kunst im vorauseilenden Gehorsam und zum Schutze der vermeintlich verletzen Gefühle religiöser Gemeinschaften zu entfernen. Ihrer Meinung nach spielten solche „schützenden" Gesten all jenen (Muslimen und Nicht-Muslimen) in die Hände, die einem neo-fundamentalistischen Islam anhingen.

In einem Gespräch über *God is Great* beschrieb John Latham den Talmud, die Bibel und den Koran als „nicht-verhandelbare … Glaubenssysteme". Einführungen in die Blasphemie, die nicht von Religionsexperten geschrieben wurden, sind häufig voll von solchen vereinfachenden Aussagen. In einem ansonsten großartigen Buch kann man so zum Beispiel nachlesen, die Blasphemie sei irgendwann einmal, in einer Art religiösen Urvergangenheit, eine „einzelne und klar definierte

Tat" gewesen. Aussagen wie diese zeigen, wie sehr die komplexen Texte und Auslegungstraditionen der Heiligen Schriften vom öffentlichen Bild „der Bibel" und „des Koran" überlagert wurden.

Kann es in nicht-theistischen Religionen Blasphemien geben?

Wenn wir der simplen Wörterbuchdefinition der Blasphemie als „entweihendes Sprechen über Gott und heilige Dinge" Glauben schenken, dann kann es Blasphemien nur in Religionen geben, die eine oder mehrere Gottheiten haben oder eine klare Trennung zwischen dem Heiligen und dem Profanen kennen.

Religionswissenschaftler haben gezeigt, dass unsere Vorstellungen von der Religion an sich so sehr von christlichen Konzepten geprägt sind, dass andere Religionen und Weltphilosophien in ihnen keinen Platz haben. Nicht in allen „Religionen" gibt es eine personalisierte und transzendente Gottesfigur, und nicht in allen „Religionen" wird ständig über den richtigen Glauben oder die richtigen Worte nachgedacht und streng zwischen dem Heiligen und dem Profanen unterschieden. Der Philosoph Jacques Derrida nannte die Religion ein christlich-europäisches Konzept, das „Griechisch und Latein" spricht und in die ganze Welt exportiert wurde.

Die Blasphemie ist dafür das beste Beispiel. Das Wort ist griechischen Ursprungs und verbreitete sich mit dem Römischen Imperium, als das Christentum zur offiziellen Religion Roms wurde. Es gewann dann mit der Reformation an Relevanz, weil die Protestanten das Wort „Blasphemie" nutzten, um sich von den Katholiken abzugrenzen, die von „Häresie“ sprachen (damit sind falsche religiöse *Vorstellungen* und falsche, der orthodoxen Lehre widersprechende Glaubensinhalte gemeint – in der Praxis verschwammen die Grenzen zwischen den beiden Begriffen aber häufig, wie wir in Kapitel 4 sehen werden). Viele der weltweiten Blasphemiegesetze sind ein britisches Exportprodukt, darunter das Blasphemiegesetz von Massachusetts, nach dem Abner Kneeland verurteilt wurde, sowie die Blasphemiegesetze Kanadas, Neuseelands und Australiens. Auch der Indian Penal Code (das indische Strafgesetzbuch), auf dem die heutigen Blasphemiegesetze Indiens, Bangladeschs und Pakistans beruhen, entstand zur Zeit der britischen Kolonialherrschaft.

Anders als die britischen Blasphemiegesetze, die bis zu ihrer Abschaffung im Jahr 2008 nur das anglikanische Christentum schützten, war der Indian Penal Code auf einen multireligiösen Kontext zugeschnitten, in dem es (wie Salman Rushdie es augenzwinkernd in den *Satanischen Versen* ausdrückte) „weniger als dreimal so viele Menschen gibt wie Götter“. Die erste Version des Indian Penal Code aus dem Jahr 1860 stammte aus der Feder des Whig-Politikers Thomas Babington Macaulay und war das erste Gesetzbuch, das das Verbrechen der „Beleidigung religiöser Glauben“ – im *Plural* – einführte. In der überarbeiteten Version aus dem Jahr 1927 wurden Blasphemien als „vorsätzliche und böswillige Handlungen“ definiert, „die die religiösen Gefühle indischer Bürger verletzen, indem sie ihre Religion oder ihren religiösen Glauben beleidigen“. Erst viel später sollte der Gedanke des religiösen Pluralismus wieder in einige europäische Länder rückimportiert werden, wo man den ursprünglichen Gesetzen, die allein dem Schutz des Christentums gedient hatten, umständlich ein paar Zusatzartikel hinzufügte.

In Großbritannien kam man in Diskussionen über die Abschaffung oder Reform der Blasphemiegesetze immer wieder auf die Lösung zu sprechen, die für den Indian Penal Code gefunden worden war. Doch der multireligiöse Ansatz wurde mit dem Argument verworfen, nicht alle Religionen seien gleich und verdienten den gleichen gesellschaftlichen Respekt. Notizen aus dem Innenministerium aus der ersten Hälfte des 20. Jahrhunderts, die von dem Sozialhistoriker David Nash sorgfältig dokumentiert worden sind, werfen uns mit aller Härte in eine Zeit zurück, in der Rassismus und religiöse Diskriminierung (sowie die Gleichgültigkeit gegenüber Rassismus und religiöser Diskriminierung) an der Tagesordnung standen. Beamte erklärten, dass der Hinduismus „wohl kaum den Namen einer Religion verdient" und dass man „darüber nachdenken könnte, die Blasphemiegesetze zu erweitern, *wenn* gezeigt werden kann, dass die jüdische Religion regelmäßig verleumdet wird" (meine Hervorhebung) – ein perfekter Zirkelschluss. Der Säkularist George Foot behauptete in den 1880ern nicht nur, dass es gar keine Blasphemie geben kann, sondern auch, dass die christliche Gottheit nicht mehr Respekt oder Ehrfurcht verdient als der „blutrünstige und primitive" Gott der Juden, die „brahmanischen oder mohammedanischen" Götter oder „Mumbo Jumbo" (eine kolonialistische Bezeichnung für nichtssagende afrikanische Götter und Rituale). Als aktivistischer Atheist kämpfte er für die Abschaffung der Blasphemie mit dem Argument, dass das Christentum *genauso schlecht* sei wie die niederen Religionen der „Brahmanen", „Mohammedaner", Afrikaner und Juden.

Kann das griechisch-christliche Konzept der Blasphemie also übersetzt und auf andere Religionen und Weltphilosophien angewandt werden? Oder ist es, wenn man einen Hindu oder einen Buddhisten nach seinen Ansichten über die Blasphemie fragt, als fragte man: „Mit welchem Wort benennst du deinen theistischen Gott?“ oder „Wer ist dein Jesus?“ oder „Wo ist deine Bibel?“. Manche Experten sind der Meinung, dass der Begriff der „Blasphemie“ aus der britisch-christlichen Tradition importiert wurde und dem Hinduismus völlig fremd ist. Einige wichtige Voraussetzungen für die Möglichkeit der Blasphemie fehlen im Hinduismus. Es gibt viele Götter – nicht einen – und die Götter sind nicht eifersüchtig. Die göttliche Realität existiert, doch die Götter bestrafen die Menschen nicht für ihre Taten. Die Götter können also nicht wirklich beleidigt werden. Es ist eine Binsenweisheit, dass es im Hinduismus mehr um die *Orthopraxie* (das richtige tun) als um die *Orthodoxie* (das Richtige sagen oder glauben) geht, und es ist sicherlich wahr, dass es im Hinduismus kein Äquivalent für die christliche Vorstellung von der göttlichen Strafe für beleidigende oder häretische Äußerungen gibt.

Doch wenn wir genauer darüber nachdenken, gibt es im Hinduismus vielleicht doch etwas Vergleichbares. Denn auch wenn die Götter nicht direkt von Menschen verletzt werden können, so *kann* die Beleidigung von Göttern doch zum Problem werden, insofern diese mit bestimmten Familien oder Orten in Verbindung gebracht werden. 1992 zerstörten hinduistische Aktivisten eine Moschee in Ayodhya, die am Geburtsort der Hindu-Gottheit Rama errichtet worden war. Wir haben in Kapitel 1 gesehen, dass die Blasphemie in Wörterbüchern häufig als eine Form der Entweihung definiert wird – und im Hinduismus dreht sich tatsächlich viel um die Reinheit von Tempeln und heiligen Orten. Wendy Doniger, deren Buch *The Hindus: An Alternative History* einen großen Blasphemieskandal auslöste, hat die wichtige Beobachtung gemacht, dass die *soziale* Blasphemie im Hinduismus eine viel wichtigere Rolle spielt als die Beleidigung der Götter.

Ein zentraler Begriff des Hinduismus ist *dharma*: ein sehr weit gefasstes Wort, das Pflicht, Religion, Sitte, Moral, soziale Verpflichtung, Gerechtigkeit, Rechtschaffenheit oder Gesetz bedeuten kann. Der traditionelle Hinduismus befasst sich häufig mit *adharma*: Nicht-dharma, bzw. Anti-dharma. *Adharma* kann eine beleidigende Rede von Angehörigen der unteren Kasten gegen Angehörige höherer Kasten bezeichnen, insbesondere gegen die höchsten religiösen Autoritäten, die Brahmanen. Das Gesetzbuch des Manu aus dem 2. Jahrhundert v. Chr. zählt eine Reihe von grausamen Strafen für den „Mann von niederer Geburt“ auf, der den Höherstehenden „Schimpfreden“ entgegenschleudert – wobei viele dieser Strafen, wie der Sanskritexperte Patrick Olivelle aufgezeigt hat, nie in der Praxis umgesetzt wurden:

> Einem Manne von niederer Geburt, welcher einen Brahmanen mit großen Schimpfreden anfällt, sollte die Zunge gespaltet werden. Wenn er sich bei der Erwähnung ihrer Namen und Kasten lasterhafter Ausdrücke bedient, so soll ein eiserner zehnfingerlanger Griffel ihm glühend in den Mund gesteckt werden. Wenn er die Brahmanen aus Stolz über ihre Pflicht zurechtweisen will, so soll der König ihm kochendes Öl in den Mund und in das Ohr tropfen lassen (Gesetzbuch des Manu 8,270–273).

Solche Verstümmelungen des Mundes haben eine fast schon unheimliche Ähnlichkeit mit der grausamen Bestrafung des Quäkers James Nayler im Jahr 1656 (siehe Kapitel 1). Das *Arthashastra*, ein Staatsrechtslehrbuch aus der Zeit des Gesetzbuch des Manu, sieht eine viel geringere Strafe für ähnliche Vergehen vor. Auf einen Satz wie „abscheulicher Brahmane!“ (AS 3.18.7) beispielsweise stand nur eine Geldstrafe.

Im Buddhismus gibt es wie im Hinduismus keine theologischen, sondern nur soziale Blasphemien. Buddha ist kein Gott und die Erleuchteten stehen nach der *Garava Sutta* über jedem – auch emotionalen oder sozialen – Schmerz. Das *Bodhicaryāvatāra* lehrt, dass der „Hass auf jene, die heilige Bilder oder Gebäude zerstören oder die wahre Lehre missbrauchen, unnötig [ist], weil die Buddhas und Bodhisattwas nicht bekümmert sind“ (Vers 64). Doch nach seinem berühmten Erwachen unter dem Bodhi-Baum denkt Buddha darüber nach, dass die Menschen ihr Sein in der sozialen Sphäre der „Ehrfurcht oder Hochachtung“ haben. Weil es über Buddha keinen Menschen gibt, den er verehren könnte, verehrt er *dhamma* (dharma). Doch andere Menschen, die sich noch auf dem Pfad der Erleuchtung befinden, müssen die Brahmanen ehren. Es gibt zahlreiche Warnungen an all jene, die sich „starrsinnig und hochmütig“ verhalten, „die Edlen beschimpfen“ oder „nicht jene preisen, die sie preisen müssen, oder nicht aufstehen für jene, für die sie aufstehen müssen, oder jenen nicht ihren Stuhl geben, denen sie ihren Stuhl geben müssen, oder jenen keinen Platz machen, denen sie Platz machen müssen, oder jene nicht ehren, die sie ehren müssen, oder jene nicht respektieren, die sie respektieren müssen, oder jenen nicht huldigen, denen sie huldigen müssen“. Solche schlechten *kammas* führen zur Wiedergeburt auf den niederen Stufen der Tiere und Hungergeister.

In ihrem brillanten Buch über die Weltreligionen zeichnet Tomoko Masuzawa nach, wie europäische und amerikanische Wissenschaftler eine Hierarchie der Weltreligionen mit dem Christentum an der Spitze konstruierten und verschiedenen Religionen unterschiedliche Merkmale zuordneten. Ab dem 19. Jahrhundert galt der Buddhismus als friedliebend und dem Christentum nahestehend. Der Islam und das Judentum dagegen wurden als Problemreligionen angesehen und mit religiöser Gewalt und strenger Gesetzestreue in Verbindung gebracht. Durch die Filter dieser gesellschaftlichen Vorstellungen über die Weltreligionen werden auch Weltereignisse wahrgenommen. Dass in der Gesellschaft ein eher harmloses Bild des Buddhismus vorherrscht mag erklären, warum viele bei dem Wort Blasphemie automatisch an den Islam denken, während nur wenigen bewusst ist, dass buddhistische Mönche in Myanmar wegen Häresie *(adhamma)* oder gewissenlosem Verhalten *(avinaya)* angeklagt werden. Im Jahr 2012 gründete sich die Knowing Buddha Organization (KBO), auch bekannt als Dharma Army, um gegen den respektlosen Umgang mit Buddha zu protestieren. Dem Körper und Gesicht Buddhas begegnet man – anders als dem Antlitz Mohammeds – in nordamerikanischen und europäischen Wohnzimmern gerne mal als Dekoobjekt. Viele sind überrascht, wenn sie hören, dass dieser naive Gebrauch von rituellen Objekten und lächelnden (entspannten?) Buddhas irgendjemanden beleidigen könnte.

Wendy Doniger hat mit Recht gezeigt, dass es auch im Hinduismus (und im Buddhismus) Blasphemien geben kann, solange diese in ihrer sozialen Dimension, d. h. als Aufrechterhaltung von *dharma* begriffen wird. Was ihr – und vielen anderen – entgeht, ist, wie wenig sich dieses Verständnis der Blasphemie von der Blasphemie im Juden- und Christentum unterscheidet. Der Gott der Hebräischen Bibel bzw. des Alten Testaments ist oft erstaunlich menschlich und anthropomorph. Er kann von anderen verletzt und beleidigt werden – so wie auch der leibliche Sohn Gottes gekreuzigt werden konnte wie ein Krimineller.

Die hebräischen Wörter, die später im Griechischen mit „Blasphemie" übersetzt wurden, können „beleidigen", „misshandeln", „beschimpfen", „verachten", „verfluchen", „entweihen" oder „verletzend sprechen" bedeuten. Ein Verb, *qillel*, bedeutet wörtlich: „kleinmachen": Ein anderes Verb, *nakob,* bedeutet ursprünglich „durchstechen", was uns direkt zurück zur Etymologie der Blasphemie bringt: „Worte, die wehtun" – oder, wie Sokrates, Jesus oder die Kyniker es vielleicht ausdrücken würden: Worte, die beißen oder stechen.

Die Blasphemie ist ein körperliches, *soziales* Konzept. Sie betrifft die Verletzung des Gesichts, Körpers oder Namens. Es geht bei Blasphemien immer um Worte, die die Menschen oder Götter piksen, stechen oder zwicken. Und in der Bibel werden dieselben Verben – z. B. *qillel, nakob* oder *blasphēmía* – für Götter und Menschen gleichermaßen verwendet. Im Neuen Testament findet man Aussagen wie „schmäht man uns, so segnen wir; verfolgt man uns, so dulden wir's; *verlästert* man uns, so reden wir freundlich"(1. Kor 4,12–13); oder „das befremdet sie, dass ihr euch nicht mehr mit ihnen stürzt in denselben Strom wüsten Treibens, und sie *lästern*" (1. Petr 4,4); oder „als aber die Juden die Menge sahen, wurden sie neidisch und widersprachen dem, was Paulus sagte, und *lästerten*" (Apg 13,45). Bibelübersetzer haben häufig (aber nicht immer) versucht, mit ihrer Wortwahl zu kennzeichnen, ob sich eine Blasphemie gegen Gott oder Menschen richtete, indem sie beispielsweise von „Verleumdung" sprachen, wenn es um Menschen ging, und das Wort „Lästerung" für Fälle reservierten, die das Göttliche betrafen. Das täuscht jedoch über die Tatsache hinweg, dass im Original in beiden Fällen dasselbe Wort stand, weil man sich die Götter *als oder wie Menschen* vorstellte. Man beachte auch, wie schwammig die „Blasphemie" in diesen Beispielen definiert ist. Eine Blasphemie kann ganz einfach bedeuten, schlechte Wörter zu benutzen, jemandem zu widersprechen oder andere Ansichten zu vertreten. Und wir alle kennen Leute oder haben von Göttern gehört, die behaupten, dass Menschen, die ihre Überzeugungen nicht teilen, gegen sie „gelästert" hätten.

Wissenschaftler:innen aus anderen Disziplinen wie den Rechts- oder Geschichtswissenschaften, die sich mit der Blasphemie beschäftigen, nehmen häufig an, dass die Blasphemie irgendwann einmal in einer weit entfernten religiösen Vergangenheit nur „Gott oder heilige Dinge" betraf und eine rein religiöse Angelegenheit war. Diese alten, religiösen Zeiten werden häufig der Moderne gegenübergestellt, in der die Blasphemie zu einem „sozialen" Konzept geworden ist, bei dem es um den Schutz der sozialen und moralischen Ordnung und religiöser Gemeinschaften geht. Doch die Blasphemie war nie eine rein „religiöse“ Kategorie. Der Begriff hat seinen Ursprung in der Vorstellung, dass die Götter soziale Wesen sind, die Krieg, Streit, Liebe (und Hass) ausgesetzt sind und ein kompliziertes Verhältnis zu den Menschen und anderen Göttern haben.

Manchmal sprechen die Menschen in der Hebräischen Bibel bzw. im Alten Testament ihren Gott auf eine Weise an, die uns heute unhöflich, respektlos oder sogar blasphemisch erscheinen mag. Da wird Gott ermahnt, nicht zu schlafen, zu helfen oder etwas *in Gottes Namen* zu tun. Und dieses „in Gottes Namen“ muss man ganz wörtlich nehmen, denn das Ansehen Gottes steigt und fällt mit dem sozialen Status seines Volkes. Werden die Menschen erniedrigt, dann fällt auch Gottes Ehrenindex in den Augen anderer Götter oder Gruppen. Gott muss sein Volk also beschützen, um seine eigene Ehre zu retten, weil sein Name eng mit dem guten Namen seiner Gemeinde verbunden ist (Jos 7,9; Jer 14,21; Ez 20,22; Ps 74,10). In der Bibel kann etwas, „das wir tun oder sagen, das dazu führt, dass wir oder unser Gott von anderen Gruppen verlacht oder geschmäht werden“, eine Blasphemie sein. Als König David eine verheiratete Frau, Batseba, erst zum Sex zwang und dann ihren Mann ermorden ließ, wird das von Gott und seinem Propheten als „Blasphemie“ gegen den guten Namen der Gemeinschaft beschrieben. In einer unbehaglicheren Bibelstelle fordern die Autoren der neutestamentarischen Bücher 1. Timotheus und Titus, dass Sklaven sich ihren Herren und Frauen ihren Männern unterwerfen sollen, damit die Römer nicht gegen den guten Namen des Christentums *blasphemieren*. In diesem Beispiel ist die Blasphemie ein konservatives Konzept. Das Blasphemieverbot dient dem Status quo.

Die Blasphemie hat ihren Ursprung in den theistischen, anthropomorphen Religionen Westasiens (eine Region, die man bis vor Kurzem noch auf eurozentristische Weise als Mittleren Osten bezeichnete). Zu blasphemieren bedeutet, jemandes oder Gottes Namen schlecht zu machen. Dabei ist die Verleumdung des Namens gleichbedeutend mit der Verleumdung der ganzen Person, weil der Name in den alten Kulturen Westasiens die Person *ist* und Macht und Leben in sich trägt. In einem Text aus der 19. Dynastie Ägyptens (ca. 1350–1200 v. Chr.) sagt die Göttin Isis zum Gott Re: „Nenn mir deinen Namen, göttlicher Vater, denn ein Mann lebt, solange sein Name genannt wird.“ In 2. Mose 22,27 steht: „Gott sollst du nicht lästern, und einem Obersten in deinem Volk sollst du nicht fluchen.“ „Gott“ ist einer der vielen besonders großen Namen, die immer in Gefahr sind, erniedrigt zu werden. In den alten Religionen müssen die höchsten und heiligen Namen beschützt werden: Götter, Brahmanen und Könige. *Gegen Frauen, Sklaven und all jene, die in der sozialen Rangordnung sowieso ganz unten stehen, kann nicht blasphemiert werden.* In 2. Mose 22,27 stehen das menschliche Oberhaupt und Gott auf der Seite der Ordnung und der Autorität. Die Blasphemie ist die Beleidigung „der Majestät oder des Souveräns“, eine *lèse-majesté:* Majestätsbeleidigung.

Wie schützt man einen Namen? Im Folgenden möchte ich zwei der Zehn Gebote zitieren, die die Blasphemie betreffen:

> Du sollst dir kein Bildnis noch irgendein Gleichnis machen, weder von dem, was oben im Himmel, noch von

> dem, was unten auf Erden, noch von dem, was im Wasser unter der Erde ist: Bete sie nicht an und diene ihnen nicht! Denn ich, der Herr, dein Gott, bin ein eifernder Gott.
> Du sollst den Namen des Herrn, deines Gottes, nicht missbrauchen; denn der Herr wird den nicht ungestraft lassen, der seinen Namen missbraucht (2. Mose 20,4–5.7).

Beide Gebote können auf maximalistische oder minimalistische Weise ausgelegt werden. Laut der maximalistischen Interpretation verbietet das erste der beiden Gebote jedes Bildnis, egal von was und egal zu welchem Zweck. Alternativ verbietet es nur die Herstellung von Bildnissen, die dem Zwecke der *Anbetung* (anderer Götter) dienen. Und noch eine dritte Interpretation ist möglich: Man darf sich kein Bild vom wahren Gott machen, weil er jenseits jeder Repräsentation liegt und nicht berührt oder gesehen werden kann. Laut der minimalistischen Auslegung des zweiten der beiden Gebote darf der Name Gottes in einem korrekten Schwur benutzt werden; er darf nur nicht *missbraucht* oder falsch genutzt werden. Die maximalistische Auslegung dagegen verbietet zur Sicherheit jegliche Erwähnung des göttlichen Namens. Die evangelikale Geschichte vom Prozess Jesu, in der Jesus (oder der Erzähler) Gott als „die Kraft" bezeichnet, beruht auf dieser Auslegung.

Doch diese Gebote dürfen nicht isoliert betrachtet werden, sondern müssen im Kontext zahlreicher anderer Passagen gelesen werden, in denen es um die Darstellung Gottes oder um das (Nicht-)Aussprechen des göttlichen Namens geht. In 2. Mose 3 „erscheint" Gott vor Mose in Form eines wundersam brennenden Dornbusches, aus dem die Stimme Gottes spricht. Mose fragt Gott nach seinem Namen und Gott antwortet: „Ich bin, der ich bin" bzw. „Ich werde sein, der ich sein werde". Auf Hebräisch: *Jahweh,* geschrieben als unvokalisiertes Tetragramm: JHWH.

Versuchen Sie mal, das Wort JHWH laut auszusprechen. Der Name kann nicht ausgesprochen werden – und genau darum geht es ja. Er kann nur durch andere Worte umschrieben werden, beispielsweise als *Adonai* („mein Herr"), G-tt, oder *Ha-Shem*, was ganz einfach „der Name" bedeutet. Andere Religionen sind ähnlich bemüht, die Namen ihrer Götter und heiligen Figuren zu verschlüsseln. Im Islam folgt auf den Namen Mohammeds immer der Zusatz *alayhi-s-salām* (Friede sei mit ihm). In Schriftform wird der Name oft kalligrafisch und in einem dekorierten Rahmen dargestellt. In den *Upanishaden* (800–500 v. Chr.) des Hinduismus wird vom Gott Indha gesagt, dass „die Menschen ihn, obwohl er wirklich Indha war, häufig Indra nennen, weil die Götter das Geheimnisvolle lieben und das Einfache schmähen".

Viele Medien entschieden sich in der Berichterstattung über *Charlie Hebdo* oder die Kontroverse rund um die in der dänischen Tageszeitung *Jyllands-Posten* erschienenen Mohammed-Karikaturen dazu, Bilder zu verpixeln. Andere wie die BBC sprachen von „responsible glimpses" und blendeten die Bilder nur für den Bruchteil einer Sekunde ein, sodass das Gehirn sie gar nicht verarbeiten konnte. Antike Schriften mögen andere Medientechniken verwendet haben, doch die erwünschten Effekte in der Darstellung heiliger Figuren, die nicht gesehen werden können bzw. dürfen, sind die gleichen. Die Bibel beschreibt allein mit Worten, wie Gott vor Moses "erschien", jedoch nur als brennender Dornbusch und körperlose Stimme; oder wie der Prophet Hesekiel durch Feu-

er und Glanz hindurch und aus einiger Entfernung einen Blick auf Gott erhascht: „Wie der Regenbogen steht in den Wolken, wenn es geregnet hat, so glänzte es ringsumher. So war die Herrlichkeit des Herrn anzusehen“ (Ez 1,28). In 2. Mose 33,18–23 möchte Mose Gottes Angesicht sehen, doch Gott lehnt ab, da „kein Mensch leben [wird], der mich sieht“. Als Mose sich aber in eine Felskluft stellt, geht Gott vorüber und hält seine Hand über Mose und als er vorbei-
gegangen und die Hand wieder weggenommen hat, da darf Mose *hinter ihm hersehen.*

Versuchen Sie mal, diese Szene mit einem Freund oder einer Freundin nachzuspielen: Halten Sie ihr oder ihm eine Hand vors Gesicht, gehen Sie vorbei und wenden Sie ihm oder ihr dann den Rücken zu, ohne Ihr Gesicht zu zeigen. Es ist unmöglich, auch wenn Sie Yoga- oder Gymnastik-Profi sind. Die skurrilen Positionen, die Gott und Mose in dieser kuriosen Geschichte einnehmen, stellen die Unmöglichkeit dar, Gott als lebendige Figur gleichzeitig darzustellen und zu verstecken. Gott hat eine Hand – aber die Hand wird genutzt, um sein Angesicht zu verstecken. Gott hat einen Körper – aber Mose kann ihm nur hinterhersehen.

Diese heute meist vergessene Bibelgeschichte kam im 19. Jahrhundert zu einiger Berühmtheit, als aus dem „Hinterher“ ein „Hintern“ wurde, über den blasphemische Witze gerissen werden konnten. John William Gott, der letzte Mann, der in Großbritannien in den 1920ern wegen Blasphemie hinter Gitter kam, scherzte, dass, wenn der Himmel Gottes Thron ist und die Erde der Schemel seiner Füße, „seine Füße schrecklich weit von dem Teil entfernt sein müssen, den er Mose auf dem Berg Sinai zeigte“. Abbildung 7 zeigt George

Footes Karikatur „Moses Getting a Back View“, die in der Zeitung *The Freethinker* veröffentlicht wurde.

Mit ihren karierten Hosen und Hosenträgern hat die Gottheit mehr Ähnlichkeit mit einem Arbeiter als einem Gentleman. Gott zeigt sich nicht von hinten, sondern den Hintern.

In der Frage der Repräsentation Gottes liegt ein fundamentales Paradox, das zwei entgegengesetzte Positionen zur Blasphemie möglich macht, die schon immer miteinander in Konflikt standen. In der Bibel ist Gott (wie) der Höchste in der menschlichen Gesellschaft; gleichzeitig aber steht er jenseits alles Menschlichen und vollkommen über der Gesellschaft. Daraus lassen sich zwei konträre Schlüsse ziehen: Weil er wie ein König der Höchste ist und gleichzeitig jenseits des Königs steht, müssen Gottes Name und Person bedingungs-

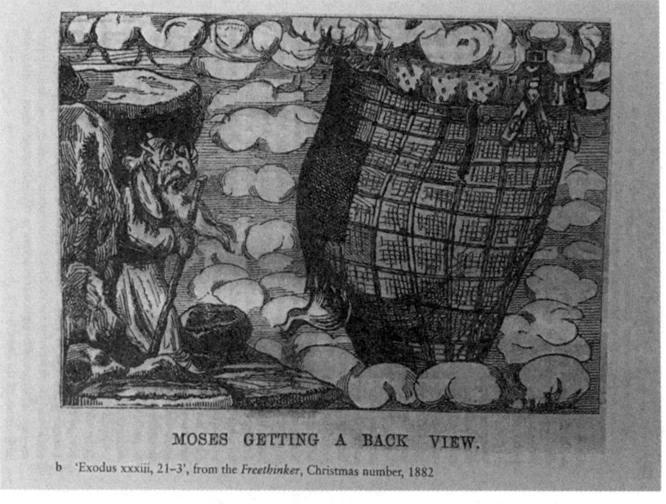

7. „Moses Getting a Back View“ aus der Weihnachtsausgabe der Zeitung The Freethinker, 1882.

los verehrt und verteidigt werden. Aber weil Gott unendlich viel mehr ist als ein einfacher Mensch, wäre es eine Beleidigung (eine „Blasphemie"), sich auch nur vorzustellen, dass dieser transzendentale Gott von etwas so Belanglosem wie menschlichen Worten und Bildern beleidigt oder verletzt werden könnte. Auf der ersten Schlussfolgerung beruht die Idee, dass Blasphemien bestraft und reguliert werden müssen. Die zweite dagegen *untergräbt* die Blasphemie und besagt, dass die
Vorstellung der Blasphemie selbst blasphemisch ist: eine Beleidigung von Gottes Göttlichkeit. Von Kaiser Tiberius stammt folgende berühmte Aussage: *Deorum injuriae diis curae* („Gotteslästerungen zu ahnden ist Sache der Götter" oder „Die Götter schützen sich selbst"). Die Götter sind viel zu göttlich, um auf menschliche Verteidiger angewiesen zu sein.

Über die Idee der *blasphemischen Verleumdung* (bei der es sich tatsächlich um einen Rechtsbegriff handelt) machen sich Komiker und Anti-Blasphemie-Aktivisten seit Jahrhunderten lustig. Wie kann Gott verleumdet werden? Auf welcher Grundlage kann entschieden werden, ob eine Aussage wahr oder falsch (also verleumderisch) ist? Der verurteilte Blasphemiker Thomas Woolston kommentierte in den 1720ern gewitzt, dass der Staat, indem er „sich an den Zivilrichter für [Gottes] Hilfe und Beistand" wandte, zugab, dass der Gott des Christentums nicht sehr göttlich ist. Von Georges Clemenceau, der im Jahr 1881 für die Aufhebung der französischen Blasphemiegesetze kämpfte, ist folgende Aussage überliefert: „Gott kann gut auf sich selbst aufpassen. Er braucht die *Chambre des députés* nicht zu seiner Verteidigung." Auf der anderen Seite des Kanals, in Großbritannien, scherzte George Foote, ebenso in den 1880ern, über den „Wortsalat" seiner

28 Seiten und 16 Einzeltatbestände umfassenden Anklageschrift, wie „vermessen“ und „unverschämt“ es doch sei, dass „schwache Männer [von sich behaupten], den Allmächtigen Gott zu verteidigen“. Hatte Gott seinen Anklägern im Traum von seiner Verstimmung berichtet oder ihnen lieber direkt ins Ohr geflüstert? Hatte er ihnen eine Handlungsvollmacht erteilt und war er dazu bereit, als Zeuge im Prozess zu erscheinen?

Auch heute noch greifen Komiker auf diesen alten Witz zurück. Blasphemiegesetze sollen „eine allmächtige, übernatürliche Gottheit vor der Verletzung ihrer Gefühle schützen“, scherzte der Komiker Ricky Gervais. „Die Blasphemie ist das einzige Verbrechen ohne Opfer“.

An dieser Stelle sollte jedoch erwähnt werden, dass die Rechtsprechung mindestens seit der Mitte des 19. Jahrhunderts nur selten so weit gegangen ist, die Blasphemie zu einem Verbrechen gegen *göttliche* Empfindlichkeiten zu erklären. Im Prozess gegen den englischen Säkularisten und Zeitungsverleger George Holyoake (der 1842 wegen seiner Redebeiträge bei einem öffentlichen Vortrag am Cheltenham Mechanics Institute verurteilt wurde) sagte der Richter Justice Erskine: „Wir schützen nicht Gott selbst, sondern das Volk vor solch ungebührlicher Sprache.“ Die Blasphemie wurde allmählich säkularisiert und zu einem Verbrechen gegen den öffentlichen Frieden, die gesellschaftliche Ordnung oder die Gefühle Gläubiger. Nur weil die Blasphemie zu einem *rein* sozialen Verbrechen wurde, gibt es sie bis heute.

Ein 2019 erschienener Sammelband mit dem suggestiven Titel *Figurations and Sensations of the Unseen in Judaism, Christianity and Islam* untersucht, welche paradoxe Rolle Berührungen, Sinneseindrücke und Visualisierungen im Herzen der drei monotheistischen Religionen spielen. Die drei Religionen wollen den Menschen die höchsten und heiligsten Personen und Lehren *nahebringen*. Sie wollen das Heilige in allen Bildern und Gerüchen, in Licht, Musik, Klang und Wort fühl- und erlebbar machen. Gleichzeitig aber wollen sie das Heilige als etwas Unerreichbares, Unsichtbares, Unberührbares und Abgehobenes darstellen. Die Historikerin für islamische Kunst Christiane Gruber bezeichnet dieses Paradox in ihrem Beitrag als *reale Abwesenheit.* Gott ist jenseits der Sinne und der Vorstellung und/aber gleichzeitig nah und anwesend.

Dass es kein Abbild Gottes geben kann, gilt für den Islam noch stärker als für das Judentum und das Christentum. Wer Allah als Menschen darstellt, begeht širk, die Sünde der Idolatrie. So warnt der Koran: „Setze Allah keine Götter zur Seite; denn Götzendienst ist wahrlich ein gewaltiges Unrecht“ (Koran 31,13a). An anderer Stelle aber steht auch, dass es „keinem Menschen [zusteht], dass Allah zu ihm sprechen sollte, außer durch Eingebung oder hinter einem Vorhang“ (Koran 42,51).

Ebrahim Moosa erklärt, dass Mohammed „der symbolische Souverän [ist], der über jedem irdischen Souverän steht“. Die Figur und Person des Propheten ist „der Inbegriff der Identität der muslimischen Gemeinschaft“, der *umma*. Weil die Anwesenheit des Propheten in den Männern verkörpert ist, die für sein *politisches* und *religiöses* Erbe verantwortlich sind, verschwimmen die Grenzen zwischen der Beleidigung des Propheten und Vergehen, die die religiösen Lehren verfälschen oder den sozialen Frieden bedrohen. Die arabischen Begriffe für die persönliche Beleidigung des Propheten wie *shatm* oder *sabb al-rasul* („Beleidigung des Propheten") und *hijā'* („Satire", „Spottschrift", „Schmähung", „Beleidigung") stehen den Verbrechen des Unglaubens, wie *riddah* oder *irtidād* („Apostasie") und *takfīr* („Anathema"; jemanden zum Ungläubigen oder *kāfir* erklären) sehr nahe. Wer den Propheten beleidigt, schadet der Gemeinschaft und der Solidarität der *umma* und ist die Ursache von *fitnah*: Uneinigkeit, Chaos und ziviler Unruhe.

Wir können hier also, ohne den Vergleich überzustrapazieren, ein in allen Weltreligionen wiederkehrendes Motiv erkennen: Im Islam geht es bei der „Blasphemie" um den Schutz der Gemeinschaft vor *fitnah*. Im Hinduismus und Buddhismus geht es um die Verhinderung von *adharma*. In der Bibel ist die Blasphemie eine Form von Majestätsbeleidigung und betrifft den Schutz der Ehre sozial höhergestellter Männer und Götter. In jedem Fall hat die Blasphemie eine soziale, politische und religiöse Dimension und ihr Verbot zielt auf die Aufrechterhaltung des sozialen Zusammenhalts. Das kommt dem Blasphemieverständnis der modernen, säkularen Gesetzgebung erstaunlich nahe, in der die Grenzen zwischen Blasphemie, Häresie, Volksverhetzung, Verleumdung und Obszönität (wie wir in Kapitel 4 sehen werden) fließend sind und im Kontext der Blasphemie häufig von einem Angriff auf die Moral, gemeinsame Werte oder den öffentlichen Frieden gesprochen wird.

Vor Kurzem haben die Proteste gegen Mohammed-Karikaturen eine öffentliche Debatte darüber ausgelöst, wie Muslime zu der Darstellung von Mohammeds Körper und Gesicht stehen. Die Antwort ist, dass es innerhalb der verschiedenen Traditionen des Islam keine einheitliche Position gibt, auch wenn eine Mehrheit sich wohl für ein Abbildungsverbot aussprechen würde. In einer Darstellung der Salbung Mohammeds in einem persischen Manuskript aus dem frühen 14. Jahrhundert (Raschid al-Din, *Dschāmiʿ at-tawārīch,* Sammlung von Chroniken 1307–08) wird das Gesicht des jungen Propheten unverhüllt abgebildet. In einem anderen persischen Manuskript aus dem 16. Jahrhundert dagegen ist Mohammeds Gesicht verschleiert (Abbildung 8). Ausführlichere *verbale* Beschreibungen von Mohammeds Gesicht, Erscheinung und Charakter finden sich auch in einigen Hadithen, in denen die Aussprüche und Handlungen des Propheten überliefert sind. Im religiösen Leben des Osmanischen Reiches spielten diese Beschreibungen eine wichtige Rolle und hingen als kalligrafische Ornamenttafeln *(ḥilya)* in Moscheen und Häusern. Ein bekanntes Hadith erzählt davon, wie zwei Besucher aus Mekka ins Staunen gerieten, als der byzantinische Kaiser Herakleios aus einer Truhe ein Porträt Mohammeds hervorholte. Die Lehre dieses Hadith ist mehrdeutig. Das Porträt existiert – doch seine Existenz schockiert und überrascht.

Die meisten Darstellungen von Mohammeds Gesicht und Körper finden sich in bebilderten Manuskripten aus Persien und der Türkei in der Zeit zwischen 1200 und 1600 n. Chr., sowie aus dem modernen Iran. Diese Schriften richteten sich an einen elitären Leserkreis. Im schiitischen Islam war die Darstellung von Mohammed und anderer heiliger

Persönlichkeiten nicht so streng verboten wie im sunnitischen Islam. Bevor diese schiitischen Traditionen von Reza Shah Pavlavi (1878–1944) infrage gestellt wurden, waren bildliche Darstellungen von Mohammed, seiner Familie und anderen

8. Mohammed kniet mit verschleiertem Gesicht vor Gott, dargestellt als goldene Flamme; persisches Manuskript, 1570–1571.

schiitischen Heiligen ein häufiges Motiv auf Gemälden, Lithografien, Fotografien und Wandmalereien. In Teheran wurde 2008 ein Wandgemälde von Mohammeds Nachtreise gemalt, auf dem Mohammeds Gesicht nicht dargestellt ist. Zahlreiche Postkarten und Poster zeigen das Gesicht und den Körper von Imam Ali, dem Nachfolger Mohammeds im schiitischen Islam.

Doch der starke Fokus auf die Frage, ob Mohammeds Gesicht nun gezeigt wird oder nicht, ist vielleicht eher eine Projektion europäischer und nordamerikanischer Journalisten als ein genuin islamisches Anliegen. Das oben erwähnte persische Gemälde von der Salbung Mohammeds aus dem 14. Jahrhundert, das Mohammeds Gesicht abbildet, spricht alle Sinne an, um den außergewöhnlichen Status des jungen Mohammed hervorzuheben: Ein Engel verteilt Weihrauch und Betende und Tiere fallen auf die Knie. Es ist einer Darstellung derselben Szene aus dem 16. Jahrhundert sehr ähnlich (Abbildung 8), auf der Gott dem verschleierten Mohammed in Form einer Flamme oder eines großen Lichtballs „erscheint" (das Bild erstrahlte in seiner ursprünglichen Version in einer Farbpracht aus edelstem Lapislazuli-Blau und Gold). So wie der weiße, blonde Jesus und die schöne Jungfrau Maria allen europäischen Schönheitsstandards entsprechen, so wurden auch in den Porträts von Imam Ali alle Register der Schönheit gezogen. Heilige Gesichter und Figuren zeichnen sich durch ästhetische Perfektion aus – egal ob verschleiert oder unverschleiert. Das Heilige ist gleichbedeutend mit dem Schönen, während das Profane immer als hässlich und vulgär karikiert wird.

Jeder, der Monty Pythons „blasphemischen" Film *Das Leben des Brian* gesehen hat, wird sich wahrscheinlich an die Szene erinnern, in der Brian (der unglückselige Doppelgänger Jesu) und seine nicht sehr glamouröse Mutter Mandy sich eine Steinigung unter Aufsicht des Hohepriesters (John Cleese) ansehen. Matthias, Sohn des Deuteronomium aus Gaza, hat aus Versehen blasphemiert und sagt zu seiner Verteidigung: „Ich habe nur zu meiner Frau gesagt: Dieses Stück Heilbutt wäre gerade gut genug für Jehova gewesen." Doch der Hohepriester Cleese ist einer von jenen, die keine Blasphemie ertragen können (wir haben dieses Thema in Kapitel 2 behandelt). Ihm ist es egal, ob absichtlich oder aus Versehen blasphemiert wurde. Die Szene nimmt eine ironische Wendung, als Cleese selbst aus Versehen blasphemiert („Ich warne dich. Wenn du noch einmal ‚Jehova' sagst …") und mit Steinen beworfen wird, sodass ihm selbst seine Trillerpfeife, mit der er die aufgebrachte Menge wieder zur Ordnung zu rufen versucht, nicht mehr weiterhilft.

Diese Filmszene droht den Irrglauben weiterzuverbreiten, dass die Menschen früher, also in einer Art religiösen Urvergangenheit, regelmäßig wegen Blasphemie gesteinigt wurden. Tatsächlich wurden in der Bibel aber nur vier Menschen wegen Blasphemie hingerichtet: Nabot, Jesus, Stephanus (die drei Fälle, die wir in Kapitel 2 besprochen haben) sowie ein namenloser Mann in 3. Mose 24 – und drei dieser vier Hinrichtungen waren ganz klar ein Fehler. In 3. Mose 24 blasphemiert der Sohn einer israelitischen Frau und eines ägyptischen Mannes aus Versehen, indem er im Streit „den Namen [lästerte]

und fluchte". Doch ob die Blasphemie Absicht war oder nicht ist hier genauso wenig von Belang wie in zwei Dritteln der heute weltweit noch bestehenden Blasphemiegesetze. Es geht in der Geschichte nur um den Schutz der Gemeinschaft; die Gefahr, die von der Blasphemie für diese ausgeht, entlädt sich wie elektrischer Strom am Körper des armen Mannes. Der beschuldigte Halbägypter wird aus dem Lager geführt. Alle, die seinen Fluch gehört haben, legen ihm die Hand auf den Kopf
und steinigen ihn dann zu Tode.

Diese schreckliche Geschichte aus dem 3. Buch Mose entstammt keiner alttestamentarischen, und erst recht keiner „jüdischen" Perspektive – auch wenn Juden im Christentum häufig mit einer übermäßigen Empfindlichkeit gegenüber Blasphemien assoziiert werden und sich in christlich geprägten Kulturen daher der Irrglaube verbreitete, „die Juden" hätten Menschen regelmäßig zu Tode gesteinigt. Eine der wichtigsten Schriften des jüdischen Glaubens, der Talmud, zeichnet ein ganz anderes Bild. Das Buch, das im europäischen Mittelalter und in der frühen Neuzeit häufig wegen „Blasphemien" gegen Jesus und Maria und wegen „närrischer, aufrührerischer Mären" verbrannt wurde, hat in seinem Aufbau Ähnlichkeit mit den Kommentarspalten, die wir heute aus dem Internet kennen. Berühmte Rabbiner hielten darin ihre *unterschiedlichen* Meinungen fest. In dem Traktat (oder Thread) mit dem Titel *Sanhedrin* wird ausführlich beschrieben, warum die Blasphemie ein außergewöhnliches, ja sogar unmögliches Verbrechen ist.

Laut dem Talmud ist ein „Blasphemiker" *nur* schuldig, wenn er das Tetragramm (JHWH) verflucht hat. Er muss die Blasphemie mindestens zwei Mal ausgesprochen haben, um auszuschließen, dass es sich um ein Versehen handelte. Die Rabbis, die zu dieser Sammlung jüdischer Gesetze beigetragen haben, waren sich des Problems der unabsichtlichen Blasphemie – wie sie dem armen Matthias im *Leben des Brian* unterlaufen war – sehr bewusst. Einer der Rabbis ist der Meinung, dass ein „Blasphemiker" nur dann verurteilt werden kann, wenn er „JHWH schlage JHWH!" gesagt hat; ein Satz, der

einem unmöglich aus Versehen herausrutschen kann! Die Autoren schrieben diese Beleidigung Gottes nicht wortwörtlich nieder, sondern verschlüsselten sie als „Jose schlage den Jose!", um die Blasphemie nicht durch deren Verschriftlichung zu wiederholen und so in dieselbe Bredouille zu geraten wie John Cleeses Hohepriester. Aus demselben Grund ersetzte man in den Schriften den hebräischen Begriff für „Blasphemie", *ḥillul-ha-shem* (den Namen entweihen) mit dem Begriff *birkat ha-shem* (den Namen ehren). Ein anderer Rabbi fügt hinzu, dass dieses Gebot nur für Juden gilt und nicht für Nicht-Juden. Und wieder ein anderer schreibt: „Wer in der Jetztzeit den Gottesnamen lästern hört, braucht das Gewand nicht einzureißen, denn wäre dies der Fall, so würde die ganze Kleidung nur aus Rissen bestehen." Damit scheint in etwa das gemeint zu sein: „Es wird immer Blasphemien geben. Wenn wir uns da jedes Mal aufregen, sind bald alle tot."

In der Bibel ist die Blasphemie gleichzeitig verboten und notwendig (wie bei Jesus); wahr und falsch (wie bei Nabot); verzeihlich und unverzeihlich (Mt 12,31–32). Sie ist ein theologisches *und* ein sozial-gemeinschaftliches Delikt. Die richtige Reaktion ist entweder nichts zu tun, die andere Wange hinzuhalten oder, in nur einem Fall, zu töten. Die drakonischen Strafen, die heute in einigen muslimischen Staaten wie Saudi-

Arabien, Pakistan und Iran bei religiöser Widerrede drohen, stehen im Widerspruch zum frühen Islam und der Lehre des Koran. Ein Koranvers besagt, dass Abtrünnige in der Hölle eine nicht näher bestimmte Bestrafung erwartet (Koran 9,74), ein anderer aber stellt die Vergebung in den Vordergrund (Koran 2,109).

Kein einziger der 6 325 Verse des Koran schreibt vor, „Blasphemiker" mit Gewalt zum Schweigen zu bringen. An vielen Stellen wird im Gegenteil dazu aufgerufen, auf Vergeltung gegen all jene, die „schlecht reden" oder sich über die Religion „lustig machen" zu verzichten – und zwar aus guten theologischen, sozialen und psychologischen Gründen. Nur Gott kann mit Blasphemien umgehen. Indem sie auf Vergeltung verzichten, wird es den Opfern leichterfallen, ihren Schmerz zu überwinden. Das hat auch eine deeskalierende Wirkung und bewahrt den sozialen Frieden. Hier nur einige Beispiele aus dem Koran: „[i]hr werdet ganz gewiss … viel Beleidigendes zu hören bekommen. Doch wenn ihr standhaft und gottesfürchtig seid, so gehört dies gewiss zur Entschlossenheit (in der Handhabung) der Angelegenheiten" (Koran 3,186); oder „Wenn ihr hört, dass man Allahs Zeichen verleugnet und sich über sie lustig macht, dann sitzt nicht mit ihnen (zusammen), bis sie auf ein anderes Gespräch eingehen. Sonst seid ihr ihnen gleich. Gewiss, Allah wird die Heuchler und die Ungläubigen alle in der Hölle versammeln" (Koran 4,140); oder „Wir haben unsere Taten und ihr habt eure Taten (zu verantworten). Friede sei auf euch! Wir trachten nicht nach (dem Umgang mit) den Toren" (Koran 28,55); oder „Und ertrage standhaft, was sie sagen, und meide sie auf schöne Weise" (Koran 73,10, sowie 25,63; 33,48; 109,1–6). Vers 6,108 warnt die Muslime davor, andere Religionen zu „schmähen“, weil das zum Gegenschlag und damit zur Blasphemie gegen den Islam führen könnte.

In der *sunna* (jenen Handlungsweisen des Propheten Mohammed, die in den Hadithen niedergeschrieben wurden und die Grundlage der Scharia bilden) gibt es anders als im Koran zahlreiche Rachegeschichten. In der mehrdeutigen Tradi-
 tion der Hadithe wird erzählt, wie der Prophet den jüdischen Dichter Ka‘b ibn al-Aschraf tötete, weil er den Propheten „verletzt“ hatte. Diese Geschichte steht in einer der einflussreichsten Hadithensammlungen, dem *Sahīh al-Buchārī*. Während im Koran keine Strafe für Apostasie (*riddah* oder *irtidad*) vorgesehen ist, sagt Mohammed in diesem und anderen Hadithen: „Wer der Religion abschwört, soll getötet werden.“ Die Geschichte von der Hinrichtung Ka‘b ibn al-Aschrafs beeinflusste auch ein wichtiges Urteil aus dem 14. Jahrhundert, in dem die islamischen Rechtsgelehrten Taqī ad-Dīn Ahmad ibn Taimīya (1263–1382) und Taqi al-Din al-Subki (1284–1355) festschrieben, dass *sabb al-rasul,* die Beleidigung des Propheten, mit dem Tode bestraft werden muss.

Wie im Falle der Bibel, des Talmud und des Gesetzbuchs des Manu scheinen die Gesetze, die solche drakonischen Strafen vorschreiben, in der Geschichte des Islam nur selten umgesetzt worden zu sein. Da historische Quellen kaum von solchen Strafen berichten, sind viele Gelehrte und Islamwissenschaftler der Meinung, dass diese Gesetze in ihrer Härte eher als Warnung oder Abschreckung gedacht waren. Denn die Stellen, in denen solche Strafen beschrieben werden, sind – ähnlich wie im Talmud – nicht eindeutig. Trotzdem sehen die meisten sunnitischen und schiitischen Schulen der islamischen Rechtsprechung heute irgendeine Form von Strafe für Muslime vor, die *sabb al-rasul* begehen und damit den Körper der Gemeinschaft angreifen und *fitnah,* zivile Unruhe, auslösen. Die Meinungen über die angemessene Art der Bestrafung gehen zwischen den verschiedenen Schulen allerdings auseinander.

Es gab und gibt bis heute unterschiedliche Ansichten darüber, ob Nicht-Muslime, die Mohammed beleidigen, bestraft werden sollten. Die Muslimbruderschaft bezog sich in ihrer Antwort auf die dänischen Mohammedkarikaturen aus dem Jahr 2005 (siehe Kapitel 5) auf das Prinzip der Nicht-Vergeltung und folgende Aussagen Mohammeds: „Wer einen *dhimmi* [einen Nicht-Muslim bzw. Schutzbefohlenen] verletzt, hat mich verletzt" oder „Wer einen *dhimmi* verletzt, hat mich zum Gegner" (Al-Tabarani; Al-Khatib). Mit dem Aussprechen seiner berüchtigten Fatwa gegen Salman Rushdie vertrat Ayatollah Khomeini bekannterweise die entgegengesetzte Position, die heute das öffentliche Bild des Islam im Westen sowie die extremistischen Islaminterpretationen des Wahhabismus und des sogenannten Islamischen Staates dominiert.

Wir sollten beim Thema Blasphemie und Hate Speech nicht die inter-religiösen Blasphemien vergessen, bei denen eine Religion durch eine andere beleidigt wird. In seinem 1817 erschienenen Buch *Inquiry into the Nature of the Sin of Blasphemy* bemerkte der unitarische Geistliche Robert Aspland, dass „nicht nur Ungläubige und Gottlose" spotten, weil ja auch der Gott der Bibel andere Götter mit (ich zitiere wortwörtlich) „Scheißehaufen" vergleicht. In vielen europäischen Kirchen finden sich Darstellungen von Synagoga und Ecclesia, zweier allegorischer Frauenfiguren, die einerseits das

geschlagene und erniedrigte Judentum und andererseits das triumphierende Christentum repräsentieren. Einige Kirchen haben auch eine Judensau: Darstellungen von Juden, die an den Zitzen einer Sau hängen. Wir sollten also nicht nur über den richtigen Umgang mit der Konföderiertenflagge und mit Statuen von Kolonisatoren und Sklavenhaltern diskutieren, sondern auch über den richtigen Umgang mit erniedrigenden
 Synagoga-Figuren und Judensäuen.

Die modernen „blasphemischen" Heiligenkarikaturen haben ihren Vorläufer in Holzschnitten, die zur Zeit der Reformation und Gegenreformation in Massen produziert wurden. Weder Protestanten noch Katholiken nahmen damals ein Blatt vor den Mund. Mönche und Reformatoren wurden mit monströsen, tierischen Körpern dargestellt und der Papst, wie Alexamenos' Jesus (siehe Kapitel 1), zum Esel gemacht. In der *Catholic Encyclopedia* wird Luther mit folgenden Worten zitiert: „Ich kann nicht beten, ohne zu lästern. Wenn ich ‚Geheiligt werde Dein Name' sage, muss ich hinzufügen: ‚Verflucht und verdammt seien die Papisten …'" In einer Reformationskarikatur – dem Prototyp der heutigen blasphemischen Karikatur – furzt eine Gruppe von Protestanten dem Papst ins Gesicht und steckt seine falschen Bücher und Doktrinen in Brand (Abbildung 9). Darunter sind in etwa folgende Worte zu lesen: „Schreck uns nicht mit deinem Bann und sei nicht so ein zorniger Mann. Wir tun sonst ein Gegenwehre und zeigen dirs, Belvedere."

9. Dem Papst den Hintern zeigen: Blasphemische Karikatur aus der frühen Reformationszeit aus der Reihe der Papstspottbilder (1545), die Luther bei Lucas Cranach d. Ä. in Auftrag gegeben hatte.

Innerreligiöse Blasphemie

Mein Sohn und ich machten kürzlich einen Ausflug nach Barcelona und waren überrascht, in den traditionellen Krippenspielen der Weihnachtszeit eine Figur mit heruntergelassenen

Hosen zu entdecken: *El Caganer* (wörtlich: der Scheißer). Es stellte sich heraus, dass diese Figur so fest in der katalanischen Weihnachtstradition verankert ist, dass der Protest groß war, als der Stadtrat ein Krippenspiel ohne Caganer in Auftrag gab (schließlich wollte man ja niemanden zum öffentlichen Defäkieren oder Urinieren animieren!). Ein Krippenspiel ohne Caganer bedeutete für die Protestierenden eine Beleidigung der katalanischen Kultur. Dabei ist El Caganer nur eines von vielen Beispielen für ein Phänomen, das in unseren heutigen Diskussionen über die Blasphemie häufig übergangen wird: die *innerreligiöse Blasphemie,* also das Verspotten der eigenen religiösen Traditionen.

Wir sind es heute gewohnt, ganz bewusst zur Religion Position zu beziehen: Wir selbst entscheiden, ob wir Gläubige, Atheisten oder etwas ganz anderes sind. Vor den 1850er-Jahren betrachteten nur wenige sich selbst als Gläubige oder Nicht-Gläubige oder blasphemierten gar absichtlich, um sich für die Religionsfreiheit einzusetzen. Dafür gibt es aus dieser Zeit (und zwar wahrscheinlich genau aus diesem Grund) viele Beispiele für innerreligiöse Blasphemien, die das Heilige mit dem Profanen vermischten und auf unsere heutigen Augen und Ohren eher befremdlich wirken.

Wir haben in den Kapiteln 1 und 2 gesehen, dass die Blasphemie früher mit dem Kampf für die Empfängnisverhütung und später mit homosexuellem Sex in Verbindung gebracht wurde. Bis heute denken wir bei Blasphemie häufig an das Obszöne und wundern uns daher über frühreligiöse Darstellungen, in denen Frömmigkeit und Sex auf ziemlich unverfrorene Weise vermischt werden. In der hypnotischen, devotionalen Sufi-Musik *Qawwali,* die ihren Ursprung im

Indien des 13. Jahrhunderts hat, werden Sex und Rausch mit dem Streben der Seele nach dem Göttlichen vermischt. In einer amüsanten Passage aus *Tausendundeine Nacht* spielt ein Mann den „Imam, der an der Gebetsnische der Frau das Gebet leitet". Sie folgt ihm in Gebetsstellung „auf und ab", um schließlich in eine „lobpreisende Ekstase" auszubrechen. An den Seitenrändern mittelalterlicher Andachts- und Psalmenbücher stößt man häufig auf unerwartete „Kritzeleien": nackte Hintern, Affen-Eucharistien oder gar (sehr unerwartet) Nonnen, die Phallusse von einem Phallusbaum pflücken. Der persische Dichter Omar Chayyām machte sich im 11. Jahrhundert mit folgenden Worten über die Scheinheiligkeit des religiösen Establishments lustig: „Ihr sagt, im Himmel flössen Flüsse aus Wein; ist der Himmel euch etwa eine Taverne? Ihr sagt, jeden Gläubigen erwarten im Himmel zwei *houris* [schöne Frauen]; ist der Himmel euch etwa ein Bordell?" Als der türkische Jazzpianist Fazil Say diese alten Worte 2013 retweetete, wurde er wegen der „Beleidigung religiöser Werte" angeklagt: ein Vorwurf, der gegen Omar Chayyām niemals erhoben worden wäre.

Aufklärer und Säkularisten haben Gläubige häufig als zahme, gehorsame Kinder karikiert, die noch in die Sphären des kritischen Denkens aufsteigen müssten. Und sie schienen auch der Meinung gewesen zu sein, dass diesen Kindern alles Spielerische abhandengekommen war. In Wahrheit ist der religiöse Ausdruck häufig viel verspielter und „blasphemischer", als es das eher finstere öffentliche Erscheinungsbild der Religion erwarten lassen würde. In ihrer populären Ausprägung geht die Religion zudem oft ganz eigene Wege und pfeift auf die Gesetze und Schriften der schreibenden Eliten. In einer mittelalterlichen, christlichen Inszenierung der höchst ernsten Geschichte von der Beinahe-Opferung Isaaks durch seinen Vater Abraham in 1. Mose 22 fragt der Sohn den Vater (als dieser ihn töten möchte): „Hast du *Mama* davon erzählt?!", und Abraham antwortet: „Ihr?! Sohn Marias, Christ verhüte!" Abrahams Worte bleiben dem christlichen Glauben treu, denn Isaak repräsentiert in der traditionellen Typologie des Christentums tatsächlich Christus, Marias Sohn. Doch Abrahams Ausruf ist gleichzeitig ein Fluch und eine spielerische Blasphemie: „Christ verhüte … Oh mein Gott, nein! … XXXX Nein! Die hätte mich umgebracht, wenn ich ihr davon erzählt hätte." Diese Performance ist gleichzeitig heilig und profan, ernst und lustig. Isaaks Situation auf dem Opferaltar könnte ernster nicht sein. Doch seine Frage, was denn Mama sagen würde, wenn sie wüsste, dass Papa hier gerade dabei ist, den Sohn zu opfern, bringt uns zum Schmunzeln.

Die Blasphemie *gehört zur Religion* und hat in ihr sogar eine *normative* Funktion. Denn der religiöse Ausdruck beruht auf der Idee, dass eine wahre Offenbarung anstößig sein und sprachliche, soziale, gesetzliche und ethische Normen auf den Kopf stellen muss. Die indischen Mystiker, im tibetischen Buddhismus *avadhūta* bzw. *nyönpa* genannt, waren bekannt dafür, dass sie die religiösen Normen durcheinanderbrachten: Sie nahmen unreine Substanzen zu sich, hatten Sex, zeigten sich nackt und weigerten sich demonstrativ, zu beten und zu studieren. Der jüdische Rabbi Schabbtai Zvi (1626–1676), der sich selbst für den neuen Messias hielt, vollzog von ihm selbst so genannte „bizarre Taten" (auf Hebräisch: *ma'asim zari)*, indem er beispielsweise den verbotenen Namen Gottes laut aussprach. Als der Zen-Meister Wen-yen von einem Novizen gefragt wurde: „Was ist Buddha?“, da antwortete dieser: „Ein vertrockneter Misthaufen.“ Während ihres Blasphemieprozesses wehrten sich einige Mitglieder von Pussy Riot mit der Aussage, sie hätten nur das schockierende und unkonventionelle Verhalten der häretischen Heiligen der Russisch-Orthodoxen Kirche nachgeahmt.

Diese häretischen Heiligen und heiligen Narren sind bei Weitem kein Randphänomen, im Gegenteil: Einige von ihnen gehören zu den charismatischsten und beständigsten Figuren der populären Religionsgeschichte. In Japan steht der exzentrische, ikonoklastische Zen-Meister und Dichter Ikkyū Sōjun (1394–1481), ein notorischer Trinker, der die Bordelle in seiner religiösen Kleidung besuchte, heute im Zentrum der TV-Serie *Ikkyū-san.* Die mittelalterlichen Dialoge, in denen der derbe, rustikale und eloquente Clown Marcolf sich mit dem stolzen König Salomon anlegt, waren in ganz Europa extrem beliebt. Geschichten über den heiligen Narren und Satiriker Nasreddin aus der Türkei des 13. Jahrhunderts wurden im 20. Jahrhundert von dem aserbaidschanischen Satiremagazin *Molla Nasraddin* aufgegriffen, das überall in der muslimischen Welt, von Marokko bis zum Iran, große Beliebtheit genoss. Erst kürzlich hat einer der umsatzstärksten Bollywood-Filme aller Zeiten der Welt einen neuen heiligen Narren beschert: PK/Pee Kay (was so viel wie „beschwipst“ heißt), ein charmantes Alien aus dem All. Als PK versucht, Geld und Kokosnüsse aus einem Hindu-Tempel in eine christliche Kirche, und Messwein in eine Moschee zu bringen, wundert er sich über die seltsamen religiösen Regeln, die ihm lächerlich und spalterisch erscheinen – und ihm fast das Leben kosten. Er kommt, wie viele heilige Narren vor ihm, zu dem Schluss, dass die Wahrheit nur im Verstoß liegt, weil diese Religionen die „falsche Nummer“ gewählt hätten und Gott daher nicht erreichen könnten. Im Zentrum des Filmes steht eine interreligiöse Liebesgeschichte, was für manche einen mutigen Schritt darstellt und für andere eine Blasphemie.

Narendra Modis Bharatiya Janata Partei und der einflussreiche Yoga-Guru Baba Ramdev bezeichneten *PK* als blasphemisch und riefen zu Protesten, Vandalismus und zum sozialen Boykott all jener auf, die mit dem Film in Verbindung gebracht werden.

Kapitel 4 Blasphemie und Gesetz

Der britische „Blasphemiker“ und Satiriker William Hone (1780–1842) beklagte einmal, dass die Unklarheit der Blasphemiegesetze ihn an den Tyrannen von Syrakus erinnerte, der seine Gesetze in winziger Schrift hoch oben an eine Wand schreiben ließ und dann all jene brutal bestrafte, die sie nicht lesen konnten. Da war was dran. Der ehemalige Sonderberichterstatter für Religions- und Weltanschauungsfreiheit des UN-Menschenrechtsrats, Heiner Bielefeldt, forderte 2012 die Abschaffung der Blasphemiegesetze und begründete dies mit deren „genereller Vagheit“, die viel Raum für Interpretationen und damit auch für den Missbrauch des Konzeptes lässt. Der Bericht *Respecting Rights: Measuring the World's Blasphemy Laws* aus dem Jahr 2017 untersuchte ganze 71 Blasphemiegesetze aus aller Welt und kam zu einem ähnlichen Schluss: Blasphemiegesetze sind „vage formuliert und bestimmen oder begrenzen nur selten, in welchem Rahmen Blasphemie möglich ist.“ In diesem Bericht rangierte Italien unter den Top Ten der schlimmsten Blasphemiegesetzgeber, direkt neben Ägypten (wobei die Autorinnen jedoch auch auf die neuesten, in der ägyptischen Geschichte beispiellosen Angriffe gegen die Meinungsfreiheit unter Präsident Abdel Fatah al-Sisi eingehen). Eine weitere schockierende Einsicht aus dem Bericht ist die Tatsache, dass in nur einem Drittel der Blasphemiegesetze ein Beweis vorgelegt werden muss, dass *mit Absicht* blasphemiert wurde. Das mag gar nicht so sehr überraschen, wenn wir an unsere Diskussion der Definitionen der Blasphemie in Kapitel 1 zurückdenken. Denn wenn die Blasphemie *per definitionem* in den Ohren und Augen des Anklägers liegt, dann folgt daraus (logischer- und gefährlicherweise), dass es den Blasphemiegesetzen relativ egal sein kann, ob der angebliche Täter mit Absicht handelte oder nicht.

Laut einem weit verbreiteten und beliebten Aufklärungsnarrativ haben wir uns Schritt für Schritt aus dem dunklen und ungewissen Absolutismus der Religion in die relative Sicherheit und Klarheit des Gesetzes gerettet. Leider erzählen die Blasphemiegesetze eine andere Geschichte. Es ist unmöglich, eine Geschichte der schrittweisen Präzisierung des Blasphemiebegriffs zu erzählen, weil der Begriff heute offen gesagt genauso vage ist wie immer. Der Blasphemiebegriff ist und bleibt schwammig – in religiösen Traditionen ebenso wie (wenn auch auf andere Weise) in der modernen „säkularen" Gesetzgebung.

Wir haben in Kapitel 3 gesehen, dass die Blasphemie in der Bibel und in der Geschichte des Christentums ein sozialgemeinschaftliches und theologisches Vergehen ist und dass auf sehr unterschiedliche Weise auf sie reagiert werden kann (schließlich ist zwischen Jubel und Hinrichtung alles möglich!). Ein Blasphemiker kann jemand sein, der von sich behauptet, Wunder vollbracht zu haben; oder jemand, der ein Wunder verleugnet; oder jemand, dem vorgeworfen wird, die Ehre der Gemeinschaft, einer individuellen Person oder eines

Gottes verletzt zu haben. In der modernen, säkularen Gesetzgebung ist der Blasphemiebegriff nicht weniger mehrdeutig und umfasst all diese Dinge – und noch mehr.

Insbesondere der Atheismus oder Säkularismus sind dazugekommen. In Italien wurde Manlio Padovan (ein Mitglied der Vereinigung Rationaler Atheisten und Agnostiker) 2009 aufgrund einer Posterkampagne („Die schlechte Nachricht: Es gibt keinen Gott; Die gute Nachricht: Du brauchst keinen") wegen Blasphemie angeklagt. Ebenso erging es dem heute im finnischen Exil lebenden Sanal Edamaruku, Präsident des Vereins Indischer Rationalisten, der 2012 wegen Blasphemie angeklagt wurde, weil er gescherzt hatte, dass das Wunder des Tropfenden Jesus in Mumbai auf ein undichtes Abflussrohr zurückzuführen sei. In der Bibel kann die Blasphemie ein *Wort,* ein *Objekt* oder eine *Tat* betreffen. Das Gleiche gilt für die modernen Blasphemiegesetze. In den Blasphemiegesetzen Pakistans, Bangladeschs und Indiens, die alle auf den Indian Penal Code aus dem Jahr 1927 zurückgehen, wird Blasphemie sehr vage als „das Äußern … irgendeines Wortes oder Lautes, das Vollführen irgendeiner Geste oder das öffentliche Ausstellen … irgendeines Gegenstandes" definiert. Die gleichen phrasenhaften Formulierungen werden in den Blasphemiegesetzen der ganzen Welt wiederholt. Die Formel „Wort, Laut, Geste und Objekt" steht so wortwörtlich in den heutigen Blasphemiegesetzen zahlreicher Länder, darunter Zypern, Israel, Jordanien, Sambia, Singapur und Sri Lanka.

Die strafrechtliche Verfolgung von Padovan und Edmaruku, respektive wegen Atheismus und der Entmystifizierung der Wunder Jesu, zeigt, dass die Grenzen zwischen Blasphemie und *Häresie* (von der Orthodoxie abweichende Glaubenslehren bzw. falsche religiöse Vorstellungen) fließend sind. Auch

in vielen muslimischen Staaten wird kaum zwischen Blasphemie und Häresie unterschieden. Wie wir in Kapitel 3 gesehen haben, lassen sich die Sünden der *riddah* und *irtidad* (Apostasie) kaum von dem Verbrechen der Beleidigung des Propheten (*sabb al-rasul)* unterscheiden, weil der Prophet mit der politischen und religiösen Gemeinschaft gleichgesetzt wird.

Der Begriff der Blasphemie bekam neue Relevanz, als die Protestanten, um sich von den Katholiken abzusetzen, nicht mehr das Wort „Häresie" benutzten, sondern stattdessen von „Blasphemie" sprachen. Dabei ging es jedoch mehr um religiöse Identität als um religiöse Inhalte. Schon als die Blasphemiegesetze vom Kirchenkanon in das weltliche Gesetz übergingen, wurde also kaum noch zwischen Blasphemie und Häresie unterschieden. Ein gutes Beispiel ist ein 1650 von Oliver Cromwells Parlament erlassenes Gesetz mit dem beachtlichen Titel „An Act Against Several Atheistical, Blasphemous and Execrable *Opinions*, Derogatory to the Honour of God, and Destructive to Humane Society" (meine Hervorhebung).

Für die Definition der Blasphemie in diesem Gesetz scheint man einfach jedes auch nur erdenkliche Fehlverhalten aufgeschrieben zu haben, zu dem ein menschlicher Körper oder Geist überhaupt fähig ist. Demnach gehört zur Blasphemie beispielsweise „das frevlerische Verfluchen des Namen Gottes“, Trunkenheit, jede „obszöne und laszive Aussage“ sowie Ehebruch. Kurzum: Die Blasphemie ist ein schmutziges Mischmasch aus Alkohol, Schimpfwörtern und unerlaubtem Sex. Doch nachdem das Gesetz jede denkbare (bzw. daherfantasierte) Form lasterhafter Lebensführung für blasphemisch erklärt hatte, führte es eine sehr präzise Liste von dogmatischen Sünden auf, die speziell auf ganz bestimmte politisch-religiöse Gruppen zugeschnitten waren. Sie zielten auf nonkonformistische Splittergruppen wie die Quäker (darunter James Nayler), die Sweet Singers of Israel, die Levellers, Diggers und Ranters ab. Gruppen also, die glaubten, dass das wahre Heilige sich in „unreinen Taten“ und dem öffentlichen Tabubruch offenbart.

Das Gesetz von 1650 zeigt, dass der Vorwurf der „Blasphemie“ häufig der Gängelung religiöser Minderheiten diente – und auch heute noch dient. In Pakistan wurde der Indian Penal Code seit den 1980er-Jahren um zahlreiche Klauseln erweitert, die sich speziell gegen die Ahmadiyya-Muslime (eine seit dem 19. Jahrhundert existierende religiöse Gruppierung, die nach Mohammed weitere Propheten anerkennt) richteten. Weil sie „die religiösen Gefühle wahrer Muslime“ allein dadurch verletzten, dass sie sich selbst als Muslime bezeichneten, machen sich nach dieser Logik alle Ahmadiyya-Muslime automatisch der Blasphemie schuldig. In der ägyptischen Gesetzgebung wird das Praktizieren des Bahaismus als eine Definition der Blasphemie aufgeführt. Im Iran drohen den Anhängern der „falschen“ Offenbarungen des Bahaismus Hinrichtung, Folter, Gefängnis, Schikane und „zivile Behinderungen“: kein Zugang zu Bildung und Arbeit, die

Beschlagnahmung von Gemeinschaftsgütern und die Zerstörung heiliger Stätten.

Um den Unterschied zwischen Blasphemie und Häresie an irgendetwas festzumachen, verweisen Historiker und Rechtsgelehrte häufig auf zwei sehr unterschiedliche richterliche Urteile: das Hales-Urteil aus dem Jahr 1676 und das Coleridge-Urteil aus dem Jahr 1883. Ersteres bezieht sich auf den Richterspruch Sir Matthew Hales' im Falle John Taylors, einem Mitglied der unkonventionellen, nonkonformistischen christlichen Gruppierung namens Sweet Singers of Israel, die in ihren Gesängen heilige Texte mit profanen Melodien vermischte (wie Pasolini, der im Hintergrund der Kreuzigungsszene Carolo Rustichellis *Ricotta Twist* abspielen ließ). In Hales' Urteil findet sich folgender Satz:

> Das Christentum ist ein Bestandteil der Gesetze Englands, daher ist jeder Angriff auf die christliche Religion auch ein Angriff auf das Gesetz.

Lord Coleridge dagegen verkündete 200 Jahre später in seinem Urteil gegen den Freidenker George Foote:

> Solange die Regeln des Anstands befolgt werden, kann die Religion sogar in ihren Grundfesten angegriffen werden, ohne dass irgendjemand sich der Blasphemie schuldig macht.

Hales' Definition der Blasphemie scheint ganz im Geiste von 2. Mose 22,27 zu stehen: „Gott sollst du nicht lästern, und einem Obersten in deinem Volk sollst du nicht fluchen." Eine

Blasphemie ist demnach jede Handlung, die den Inhalt und Status der christlichen Religion infrage stellt. Weil die Religion eng mit dem Gesetz und dem Staat verbunden ist, ist die Blasphemie ein Verbrechen gegen die Souveränität an sich: eine Form von Majestätsbeleidigung.

Das Coleridge-Urteil dagegen basiert auf der Trennung von Blasphemie und Häresie, von Religion und Staat. So wird der Unterschied zwischen Blasphemie und Häresie endlich deutlich: Die Blasphemie ist nicht mehr eine Frage des Inhalts, sondern des „Benehmens" und des guten Stils. Die Blasphemie hatte *immer schon* eine soziale und politische Dimension. Sie war noch nie eine rein theologische Angelegenheit. Doch Coleridges Urteil bekräftigte und verdeutlichte diese soziale Dimension. Von nun an war die Blasphemie eine Sünde gegen gesellschaftliche Konventionen und ein Ausdruck von Unhöflichkeit, Geschmacklosigkeit und schlechten Manieren.

Das Coleridge-Urteil macht deutlich, dass die Grenzen zwischen Blasphemie und Angriffen auf die *Inhalte* des Christentums bis in die 1880er-Jahre hinein hoffnungslos verschwommen waren. Doch das Urteil zieht eine unsichtbare Anstandslinie und wirft so eine ganz andere Reihe von Fragen auf: Ab wann und wie genau wird diese Linie überschritten? George Foote kritisierte, Coleridges Urteil mache die Blasphemie faktisch zu einem Klassenproblem, weil nur ein „Parlament schöngeistiger Gentlemen" mit jemandem wie Oscar Wilde als Premierminister kultiviert genug sei, um Blasphemien als solche zu erkennen. Dieser Einwand wurde im 19. und 20. Jahrhundert häufig vorgebracht. Reverend Walter Walsh, ein Gegner der Blasphemiegesetze, beklagte im Jahr 1924, diese Gesetze hätten es auf den „Redner im

Hyde Park“ abgesehen, der mit einem „verbalen Knüppel“ gegen den „Aberglauben“ ankämpfte, während der „Universitätsprofessor“ mit seiner elegant und präzise formulierten Religionskritik, die wie ein „Dolchstoß in den Rücken“ funktionierte, nichts zu fürchten habe. Sydney Smith machte sich über William Wilberforces Society for the Suppression of Vice lustig, indem er sie kurzerhand zur Society for Suppressing the Vices of Those Whose Incomes Did Not Exceed £500 a Year umbenannte.

Das Coleridge-Urteil machte explizit, was lange nur implizit in den Blasphemiegesetzen gesteckt hatte. Die exorbitanten Bußgelder trieben Menschen aus unteren Klassen in den Ruin oder ins Gefängnis, während betuchtere Herrschaften straflos davonkamen.

Im Jahr 1663 erschien Sir Charles Sedley betrunken und nackt in der Öffentlichkeit, um sich über die Eucharistie lustig zu machen und zu „exkrementieren“ (Samuel Pepy hat dieses erstaunliche Ereignis in seinen Tagebüchern festgehalten). Er „nahm alle nur vorstellbaren Stellungen der Lust und der Sodomie ein“ und hielt dann eine Scheinpredigt über seine speziellen sexuellen Puder, die alle Londoner „Fxxxxn“ dazu bringen sollten, ihm verrückt vor Geilheit hinterherzulaufen. Wenn das mal keine Blasphemie war! Sedley wurde vor Gericht gebracht, verbrachte eine Woche im Gefängnis und musste eine für damalige Verhältnisse horrende Geldstrafe von 500 Pfund bezahlen. Später schrieb er Gedichte und saß als Abgeordneter im Parlament. Außerdem war er der Vater der zukünftigen Geliebten von Jakob II. von England. Für das Königshaus und die betuchten Eliten galten sowohl beim Sex als auch bei der Blasphemie immer schon andere Regeln als für den Rest der Bevölkerung (und dass beides eng zusammenhängt, haben wir in Kapitel 2 gesehen).

Thomas Woolston dagegen, Sohn eines Lederarbeiters, starb 1721 im Gefängnis, weil er die exorbitante Geldstrafe von 25 Pfund, die ihm wegen einer blasphemischen Veröffentlichung auferlegt worden war, nicht bezahlen konnte. Zum Vergleich: ein Pfund war gleich zwanzig Schilling; mit acht Schilling konnte man sich in Vauxhall eine Flasche Champagner kaufen; für etwas mehr als zwei Schilling bekam man ein ganzes Schwein.

Woolston kam ins Gefängnis, weil er behauptet hatte, dass die Wunder Jesu allegorisch verstanden werden müssten – alles andere wäre lächerlich. Außerdem war er der Meinung, Jesus sei mit seinen Mätzchen nicht gerade sehr gentlemanlike gewesen. In Mk 11,12–15 beispielsweise rastet der Messias wie ein einfacher Feldarbeiter vor Wut aus und verflucht einen Feigenbaum. Und dass Jesus auf der Hochzeit zu Kana seine Mutter fragte: „Was habe ich mit dir zu schaffen, Frau?" (Joh 2,4), lag laut Woolston ganz einfach daran, dass er betrunken war – denn warum sonst hätte er seine eigene Mutter nicht wiedererkannt, wenn nicht, weil er in die „Mysterien des Bacchus" eingeweiht worden wäre? Der Sozialist und Hosenhändler John William Gott, dem wir weiter oben bereits begegnet sind, hatte in ganz ähnlicher Weise gescherzt, dass sich die Bibel über weite Strecken liest, als sei sie in einem „Pub" unter dem Einfluss eines ganz anderen „Geistes" geschrieben worden. Hochheilige Figuren im Lokaljargon sprechen zu lassen, sie sozusagen in den Pub zu setzen, ist ein häufiges blasphemisches Motiv. Was an Footes Karikatur des göttlichen Hinterns (Abbildung 7, Kapitel 3) wohl am meisten schockierte, war, dass er in einer karierten Hose mit Hosenträgern steckte – und nicht im Maßanzug.

Mit Coleridges Urteil wurde die Blasphemie offiziell zu einer Frage des guten Tons, der Klasse und des guten Benehmens: zu einer Frage des „epistemologischen Anstands". Steven Shapin hat diesen Begriff in seinem Buch *A Social History of Truth* geprägt. Auch wenn seine Analyse sich nicht

ausdrücklich auf die Blasphemie bezieht, ist sie für unsere Untersuchung der Geschichte der Blasphemiegesetze extrem hilfreich. Denn was glaubhaft ist oder nicht, ist – so Shapins Analyse – immer auch eine Frage des Anstands und des guten Geschmacks. Die Wahrheit ist also ebenso wenig eine rein philosophische Angelegenheit, wie die Blasphemie eine rein theologische. Die Wahrheit ist nicht einfach eine Tatsache, sondern eine *soziale Tatsache* und eine Frage der guten Manieren. Denn wir schenken einem Gentleman mit kultivierter, männlicher Stimme eher Glauben als einer Frau oder jemandem, der mit Dialekt oder Akzent spricht oder vulgäre, unpassende Wörter verwendet.

Dieses Blasphemieverständnis hat jedoch einen Haken, den „Blasphemiker" schnell für sich zu nutzen wussten. Denn die sozialen Bedingungen der Wahrheit verändern sich mit der Zeit. Den Autoren der antiken religiösen Schriften war sehr daran gelegen, die Ehre ihrer Götter, Priester oder Brahmanen zu schützen, doch sie konnten nicht vorhersehen, wie sich die sozialen Codes in Zukunft verändern würden. Daher erscheinen uns alte religiöse Texte wie die Bibel heute häufig *blasphemischer* als den antiken Autoren und Bibellesern. Blasphemiker, denen im 19. und 20. Jahrhundert vorgeworfen wurde, die Anstandslinie überschritten zu haben, verwiesen häufig auf die „abscheulichen" und „äußerst widerwärtigen" Passagen der christlichen Bibel, die heute ebenso geschmacklos erscheinen.

Obwohl die Vorstellung einer Anstandslinie sehr problematisch ist, findet man sie bis heute in zahlreichen Blasphemiegesetzen weltweit. Das simbabwische Blasphemiegesetz beispielsweise schützt Werke von „*bona fide* mit literarischem und künstlerischem Charakter" und verurteilt Werke, die dem nicht gerecht werden. In Kuwait kann man wegen einer Blasphemie für bis zu sieben Jahre ins Gefängnis kommen – nicht aber, wenn man so spricht, wie es „im Rahmen einer universitären Vorlesung" üblich ist, d. h. (und hiermit wird auch klargestellt, was von Universitätsdozenten erwartet wird!) auf „ruhige und ausgeglichene Weise". Das kuwaitische Gesetz macht hier etwas explizit, was sonst meist nur implizit ist. Der Tonfall und Klang einer Aussage hatten immer schon entscheidenden Einfluss darauf, was als „Blasphemie" galt und was nicht. Auch die Blasphemiegesetze, die auf dem Indian Penal Code beruhen, sprechen von dem „Äußern … irgendeines Wortes oder *Lautes*" (meine Hervorhebung). Bis zu ihrer Abschaffung in den Jahren 2018 und 2019 sprachen die Blasphemiegesetze Kanadas und Neuseelands fast wortgleich davon, jede Religionskritik zu schützen, die „in gutem Glauben" und „anständiger Sprache" vorgetragen wurde. Für nicht in gutem Glauben und anständiger Sprache vorgebrachte Religionskritik dagegen waren 1- bis 2-jährige Gefängnisstrafen vorgesehen.

Blasphemie: ein mittelalterliches Verbrechen?

Eines ist sicher bei einem Kapitel über Blasphemiegesetze: Es wird überholt sein, noch bevor die Pixel getrocknet sind. Noch während ich hier tippe, werden überall auf der Welt Blasphemiegesetze abgeschafft, verschärft, reformiert und neu eingeführt. Der Bericht *Measuring the World's Blasphemy Laws* schaffte es im Jahr 2017 gerade noch, die Abschaffung des Blasphemiegesetzes in Dänemark in einer Fußnote zu erwähnen (das Gesetz wurde 2017 gerade rechtzeitig abgeschafft, um zu verhindern, dass Anklage gegen einen Mann erhoben wurde, der auf Facebook ein Video von sich gepostet hatte, auf dem er einen Koran verbrannte). Kanada und Neuseeland jedoch, die ihre Blasphemiegesetze in 2018 und 2019 abschafften, werden in dem Bericht noch unter den 71 Ländern mit Blasphemiegesetzen aufgelistet. Und Mauretanien, das die Blasphemie 2018 zu einem Kapitalverbrechen hochstufte, muss seit Veröffentlichung des Berichts zu der Liste der sechs Länder hinzugefügt werden, in denen auf Blasphemie die Todesstrafe steht (Afghanistan, Iran, Nigeria, Pakistan, Saudi-Arabien und Somalia).

In der öffentlichen Meinung ist die Vorstellung weit verbreitet, das Verbrechen der Blasphemie sei ein Überbleibsel des religiösen Mittelalters. Oft wird behauptet, wir seien nun endlich dabei, uns von den Überresten dieser mittelalterlichen und religiösen Vergangenheit zu befreien. Während der Aufhebung des irischen Blasphemiegesetzes erklärte ein Sprecher von Atheist Ireland: „Nun endlich haben wir dieses mittelalterliche Verbrechen, das es niemals hätte geben dürfen, aus unserer Verfassung getilgt …“ In seiner Protestdokumentation *Don't Get Me Started: What's Wrong with Blasphemy?* scherzt der britische Stand-Up Comedian Stewart Lee, dass sein beliebtes Musical zwar aufgrund öffentlicher Blasphemievorwürfe gestrichen wurde, er aber nicht strafrechtlich verfolgt wurde, „weil wir nicht mehr im Mittelalter leben". Nun kann man über die Menschen im „Mittelalter" sagen, was man will, weil sie sich nicht mehr wehren können. Es gibt keine Medieval Defence League, auch wenn einige Mediävist:innen (z. B. Kathleen Biddick, Geraldine Heng und Kathleen Davis) gezeigt haben, dass uns „das Mittelalter" (und „die Religion") häufig nur als Projektionsfläche dient, um die Gegenwart, in der wir *heute* leben – oder gerne leben würden – positiv hervorzuheben.

Immer, wenn über die Blasphemiegesetze der Welt berichtet wird, stoßen wir früher oder später auf die Vorstellung von dem heldenhaften Kampf der Moderne gegen ein mittelalterliches Verbrechen. Doch Nachrichten von abgeschafften Blasphemiegesetzen (2008 im Vereinigten Königreich, 2013 in den Niederlanden, 2015 in Island und 2016 im Elsass) stehen im Kontrast zu Berichten über die Einführung neuer Blasphemiegesetze. Das irische Blasphemiegesetz, das 2018 bei einem Referendum abgewählt und 2020 abgeschafft wurde, war erst 2009 eingeführt worden. In Russland wurden 2013 als Reaktion auf Pussy Riot neue Gesetze gegen „die Beleidigung der religiösen Gefühle Gläubiger" erlassen. Zudem wurden zahlreiche schon seit Langem bestehende Blasphemiegesetze verschärft oder ausgeweitet. Zwischen 1947 und 1986 gab es in Pakistan nur 14 Fälle von Blasphemie. Zwischen 1980 und 1986 jedoch veranlasste die Militärregierung von General Zia-ul-Haq eine Verschärfung und Ausweitung der

Blasphemiegesetze. In der Folge wurden laut dem pakistanischen Centre for Social Justice zwischen 1987 und 2017 720 Muslime, 516 Ahmadiyya-Muslime, 238 Christen und 31 Hindus wegen Blasphemie angeklagt.

Die Komplexität und ungleiche Entwicklung der weltweiten Blasphemiegesetze zeigt, dass die Blasphemie keinesfalls ein „mittelalterliches" Verbrechen ist, das langsam aber sicher ausstirbt. Die Blasphemie für tot und überholt zu erklären, hat selbst *Tradition*. Trotzdem bestanden die Blasphemiegesetze in Europa und anderen westlichen Staaten (und in einigen US-Bundesstaaten) bis ins 21. Jahrhundert fort. Viele Anti-Blasphemie-Aktivisten des 21. Jahrhunderts zitieren den britischen Richter Lord Denning, der die Blasphemie 1949 als „Karteileiche" bezeichnete. Im Jahr 1883, zur gleichen Zeit des Coleridge-Urteils, erklärte Sir James Fitzjames Stephen selbstbewusst, Anklagen wegen Blasphemie seien zwar „theoretisch möglich", hätten in der Praxis aber „keine Bedeutung mehr". Hypatia Bradlaugh-Bonner (Tochter von Charles Bradlaugh, dem ersten atheistischen Abgeordneten Großbritanniens) brachte die historische Ironie in *Penalties Upon Opinion* (1935) auf den Punkt: „Doch kaum war die Tinte von [Stephens] Buch getrocknet, da wurden schon die ersten rachsüchtigen Blasphemievorwürfe erhoben." Viele der Blasphemiegesetze, die im 21. Jahrhundert abgeschafft wurden, waren erst im 20. Jahrhundert eingeführt worden. Das Blasphemiegesetz, das in den Niederlanden 2013 abgeschafft wurde, war beispielsweise erst in den 1930er-Jahren auf der Grundlage eines Gesetzes aus den 1880er-Jahren verfasst worden. Pier Paolo Pasolinis strafrechtliche Verfolgung in den 1960er-Jahren basierte auf dem faschistischen Rocco Code der 1930er-Jahre.

Blasphemiegesetze sind häufig Ausdruck von politischer und religiöser Unsicherheit. Sie kommen und gehen mit den großen Verschiebungen der Weltpolitik. Auch der Aufstieg und Fall des Kommunismus und des Faschismus haben die nationalen Blasphemiegesetze auf unterschiedliche Weise beeinflusst. Die Blasphemiegesetze, die gegen Pasolini angewendet wurden, wurden in den 1930er-Jahren von Mussolini erlassen. Das Blasphemiegesetz, das 1932 in den Niederlanden erlassen wurde, richtete sich gegen die kommunistische Zeitschrift *The Tribune.* In England und Wales wurden die Blasphemiegesetze in den 1930er-Jahren aufgrund der vermeintlichen kommunistischen Bedrohung verschärft. Als in Ländern wie Russland und Polen nach dem Ende des dogmatischen Säkularismus in den 1990er-Jahren eine „spirituelle Renaissance" anbrach, wurden Blasphemiegesetze neu erlassen und verschärft, um fundamentale christliche Werte zu stärken. Die Moskauer Christ-Erlöser-Kathedrale, die Pussy Riot als Bühne nutzten, wurde 1931 von Stalin zerstört, um Platz für den monumentalen Palast der Sowjets zu machen, der dann aber nie gebaut wurde. Der Ort wurde zunächst zu einem öffentlichen Schwimmbad umfunktioniert, bevor in den 1990er-Jahren wieder eine Kathedrale errichtet wurde. Die exzessive, öffentliche Inszenierung staatlicher und kirchlicher Empörung nach der Pussy Riot-Performance verhalf der Kathedrale (und der Nation) zu neuer christlich-spiritueller Bedeutung. Die Aktionen der Punkband wurden mit der Verfolgung von Gläubigen durch den bolschewistischen Verband der Kämpfenden Gottlosen verglichen, die pornografische Texte zu liturgischer Musik sangen, Priester kreuzigten und Gläubige in psychiatrische Anstalten steckten. Es gibt keine

Standardgeschichte der Blasphemie. Der nationale Kontext ist entscheidend.

Wie haben die Blasphemiegesetze sich verändert?

Im England des 17. und 18. Jahrhunderts drohten „Blasphemikern" häufig spektakuläre und öffentliche Strafen, die sich an den Geschichten des Christentums orientierten. Sie wurden öffentlich vorgeführt, an den Pranger gestellt, gegeißelt, durch die Straßen gepeitscht, in sogenannte „Büßerhemden" gesteckt, hingerichtet und eingesperrt. Ihre Bücher wurden vor ihren Augen vom Henker verbrannt. Ihre Körper wurden „stigmatisiert" und gebrandmarkt. In ihre Gesichter wurde ein „B" für „Blasphemiker" gebrannt, ihre Zungen wurden abgeschnitten oder mit einem heißen Stück Eisen durchbohrt – eine Strafe, die aus einer Passage über die Gefahren und Mächte der Zunge im neutestamentarischen Jakobusbrief abgeleitet wurde. Dem 19-jährigen Theologiestudenten Thomas Aikenhead kommt die zweifelhafte Ehre zu, als letzter Mensch in Großbritannien wegen „Blasphemie" hingerichtet worden zu sein. Er hatte eigentlich erwartet, eingesperrt und ins „Büßerhemd" gesteckt zu werden, wurde dann aber 1697 in Edinburgh am Galgen gehenkt. Der Quäker James Nayler wurde 1656 öffentlich „gekreuzigt" – obwohl einige Parlamentarier, die über seine Bestrafung abgestimmt hatten, ihn lieber steinigen lassen wollten.

Die Entwicklung der Blasphemiegesetze folgt einem Muster, das der französische Philosoph Michel Foucault in seinem berühmten Buch *Überwachen und Strafen* beschrieben hat. Foucault zeigt darin, dass Strafen mit der Zeit weniger spektakulär, dafür aber umso effektiver wurden. Sowie das traditionelle öffentliche Hängen, Ausweiden und Vierteilen einem streng überwachten Gefängnissystem wich, lernten die Menschen, die Disziplin zu internalisieren und sich selbst zu zensieren und zu überwachen. Diesem Schema scheint auch die Bestrafung der Blasphemie zu folgen. Sie wurde weniger sichtbar, spektakulär und biblisch – dafür aber umso effektiver. Anstatt an den Pranger gestellt und am Galgen gehenkt zu werden, mussten Blasphemiker Zwangsarbeit im Gefängnis verrichten. Blasphemiker verloren nicht mehr ihr Leben. Sie verloren ihre Lebensgrundlage. Blasphemische Zeitungen wurden nicht mehr öffentlich verbrannt, sondern mit überhöhten Steuern und Geldstrafen zum Verstummen gebracht. Die Familien von verurteilten Blasphemikern hatten keine Einkommensquelle mehr und verarmten. Der Blasphemiker wurde nicht mehr an seinem Körper gebrandmarkt, sondern auf sehr wirksame Weise sozial isoliert und in den finanziellen Ruin getrieben. Buchhändler und ihre Kunden entwickelten, um sich vor Anklagen zu schützen, komplexe Kommunikationssysteme mit Ziffern und Seilen, die Transaktionen ohne persönlichen Kontakt ermöglichten und somit verhinderten, dass einer gegen den anderen vor Gericht aussagen musste. Während viele die gesetzliche Zensur internalisierten und jede „Blasphemie" tunlichst vermieden, erfanden andere ausgeklügelte Systeme, um der strafrechtlichen Verfolgung zu entkommen.

Blasphemien können heute viel *effektiver* verfolgt werden als in mittelalterlichen oder frühmodernen Gesellschaften. In seinem posthum veröffentlichten *Brief an die Heuchler* macht sich der bei dem *Charlie Hebdo*-Attentat ermordete

Karikaturist Charb über die Idee lustig, von einem Großen Gott im Himmel beobachtet zu werden, der über ihm schwebe wie „eine Überwachungskamera, die ohne das Zutun auch nur eines einzigen gewählten Amtsträgers oder Politikers installiert wurde". Doch den vormodernen Göttern und Gesellschaften standen die Überwachungstechnologien des hoch entwickelten, modernen Staates nicht zur Verfügung. Auch wenn die alten Götter als allwissend galten, kommen sie nicht an die Datensammlungs- und Überwachungsmaschinerie heran, die es dem Indischen Ministerium für Kommunikations- und Informationstechnologie 2013 ermöglichte, eine neue Regel durchzusetzen, die alle sozialen Netzwerke dazu verpflichtete, blasphemische Inhalte innerhalb von 36 Stunden nach Beschwerdeeingang zu löschen. Blasphemieprozesse fanden in der Vergangenheit lokal und ad hoc statt. Thomas Aikenheads Verurteilung erfolgte auf der Grundlage der Aussage seiner verräterischen Freunde. Heute jedoch werden Blasphemien direkt im öffentlichen Raum aufgezeichnet – und dieser befindet sich in ständigem Wandel.

Um mit diesen Veränderungen Schritt zu halten, haben neuere Blasphemiegesetze öffentliche Blasphemien als ein „öffentliches oder mechanisch übertragenes Sprechen oder Rufen" redefiniert, „das auch von Unbeteiligten vernommen werden kann"; oder als das „Rufen … oder die Repräsentation einer Tat in Form von Schrift, Zeichnungen, Fotographien, Markierungen oder Symbolen im öffentlichen Raum oder in irgendeiner anderen Form von Öffentlichkeit …"; oder als „[etwas], das auf einer Versammlung, einer Straße oder an irgendeinem anderen vielbesuchten Ort offen ausgesprochen oder durch mechanische, kabellose oder andere Methoden verbreitet wird“ oder als „[etwas], das so gezeigt wird, dass Personen auf einer Straße oder an irgendeinem anderen vielbesuchten Ort es sehen können“. Diese Beispiele stammen aus den ägyptischen und syrischen Blasphemiegesetzen und vermischen alte räumliche Definitionen von Öffentlichkeit (Straßen und Orte außerhalb des Hauses) mit einem neueren Verständnis eines durch das Radio, das Internet und andere „mechanische Methoden“ geprägten öffentlichen Raumes. Die Gesetze springen zwischen älteren Verbreitungsmethoden (z. B. dem lauten Rufen während öffentlicher Proteste) und neueren Technologien (z. B. Nachrichtenposts im Internet) hin und her. Heutzutage werden „Blasphemiker“, wie Raif Badawi in Saudi-Arabien und Mohamed Cheikh Ould Mkhaitir in Mauretanien, wegen ihrer Blogs und Twitter-Posts verfolgt.

Rechtsexperten behaupten häufig, die heutige Blasphemiegesetzgebung habe sich *säkularisiert*. Während Blasphemien sich früher nur auf das Heilige bezogen hätten, beträfen sie heute vor allem das Soziale: den sozialen Frieden, die öffentliche Ordnung und die Gefühle von Gläubigen. Das ist bis zu einem gewissen Grad richtig – doch nur, wenn wir anerkennen, dass die Blasphemie immer schon ein soziales Verbrechen war. Wir haben auf unserer kurzen Tour durch die Weltreligionen gesehen, dass es bei Blasphemien nie nur um die Ehre Gottes oder das Heilige ging. Es ging immer auch um den Schutz von *dharma* oder um die in der Figur von Mohammed verkörperte Gemeinschaft. Der Schutz der Gemeinschaft vor *fitnah*, Chaos und ziviler Unruhe, ist ein wichtiger Bestandteil der islamischen Blasphemie- und Apostasiegesetzgebung. In unserer Vorstellung sind religiöse und säkulare Gesetze häufig Gegensätze. Doch Blasphemie wird in religiösen Schriften und Gesetzen ganz ähnlich definiert wie in modernen Gesetzen. In beiden Fällen geht es im Kern um den Schutz von Institutionen, gemeinschaftlichen Werten und des öffentlichen Friedens.

Das soll jedoch nicht heißen, dass die modernen Blasphemiegesetze sich nicht von traditionellen religiösen Gesetzen unterscheiden. Es gibt mindestens zwei wichtige Unterschiede: Erstens sind moderne Blasphemiegesetze individualisierter, personalisierter und stärker auf die Gefühle Gläubiger ausgerichtet. Zweitens umfassen sie häufig alle Religionen und Ideologien, inklusive nicht-religiöser Ideologien, die in der gegenwärtigen Rechtsprechung häufig als „philosophische Glaubensformen" bezeichnet werden und mit religiösen Glaubensrichtungen gleichwertig sind. Diese Entwicklung ist allerdings sehr neu und setzte viel später ein, als wir glauben mögen.

Ich habe an anderer Stelle dargelegt, dass moderne Blasphemiegesetze nicht mehr die *Ehrfurcht* vor Gott, sondern den *Respekt* für Gläubige und ihre Gefühle ins Zentrum stellen. Das Heilige hat seinen Ort nun im Innenleben des Gläubigen und muss auch dort geschützt werden. Diese spezifisch moderne Entwicklung drückt sich in einem französischen Gesetz aus dem Jahr 1819 aus, das *„outrage à la morale religieuse"* (die Verletzung der religiösen Moral) unter Strafe stellte, sowie im Indian Penal Code aus dem Jahr 1927, der von Handlungen sprach, die *„die religiösen Gefühle* irgendeines indischen Bürgers verletzen". Während ein Blasphemiker nach dem preußischen Strafrecht von 1851 jemand war, der „Gott lästert oder eine der christlichen Kirchen … oder ihre heiligen Objekte, Lehren, Institutionen oder Bräuche lächerlich macht", spricht das neue deutsche Gesetz aus dem Jahr 1969 von einer „Beleidigung der Religion oder Ideologie anderer, durch die der öffentliche Frieden gestört wird“. Die alten religiösen Gesetze dienten dem Schutz etablierter Autoritäten: Könige, Götter und Brahmanen – für Frauen, Sklaven und andere Gruppen der unteren sozialen Schichten, gegen die gar nicht blasphemiert werden konnte, galt dieser Schutz nicht. Heute sollen häufig alle religiösen Gruppen und Gefühle unterschiedslos (so jedenfalls lautet das Ideal) vor Blasphemie geschützt werden. Viele haben festgestellt, dass die Anzahl der Blasphemieprozesse heutzutage *angestiegen* ist, weil verschiedene Gruppen um öffentliche Anerkennung und Schutz konkurrieren.

Die heutige Tendenz zur *Ausweitung* des Schutzes vor Blasphemie auf alle religiösen Gruppen steht im Widerspruch zu der seit 2011 immer wiederkehrenden Forderung nach der Abschaffung der Blasphemiegesetze (wie zum Beispiel im 2013 vom Europarat und der UN erarbeiteten Rabat Plan of Action). Das Problem liegt nicht nur darin, dass die Blasphemie nur „vage“ definiert ist, wie der ehemalige Sonderberichterstatter für Religions- und Weltanschauungsfreiheit des UN-Menschenrechtsrats, Heiner Bielefeldt, kritisierte. Der politische Umgang mit der gesetzlichen Bestrafung von Blasphemien ist nicht nur unklar, sondern *widersprüchlich*. In Großbritannien wurden die Blasphemiegesetze in der gleichen Zeit abgeschafft, in der der neue Racial and Religious Hatred Act (2006) zur Bekämpfung von Hate Speech erlassen wurde – und dieses Muster wiederholt sich überall in Europa. Auch wenn niemand es ausspricht, kommt der heutige Rechtsbegriff der Hate Speech dem alten Konzept der *blasphēmía* erstaunlich nahe. Der Europäische Gerichtshof für Menschenrechte (ECHR) in Strasbourg hat mehrere Urteile gefällt, die den Schutz von „religiösen Gefühlen“ *stärken*. In den beiden bekanntesten Fällen – Nigel Wingroves Film *Vision of Ecstasy* und Werner Schröters Film *Liebeskonzil* – stützte er die Ausstrahlungsverbote durch den British Board of Film Classification und die österreichische Regierung. Bei beiden Blasphemievorwürfen ging es mal wieder um Sex. In Wingroves Fall wurde das Filmverbot auf Grundlage des sogenannten *Beurteilungsspielraums* gestützt, der es Mitgliedsstaaten erlaubt, von europäischen Normen abzuweichen, weil „die Moralanforderungen heutzutage von Zeit zu Zeit und von Ort zu Ort unterschiedliche sind …“. In einem globalen Kontext, in dem Länder wie Saudi-Arabien und Iran das Wegsperren, Foltern und Hinrichten von religiösen Dissidenten mit ihrer einzigartigen, nationalen, „öffentlichen Moral“ rechtfertigen, ist das eine gefährliche Logik.

Die Forderung nach der Abschaffung von Blasphemiegesetzen wird also immer lauter, während religiöse Gefühle verstärkt unter Schutz gestellt werden. Wir scheinen uns legal und kulturell nicht zwischen zwei Extremen entscheiden zu können. Auf der einen Seite gibt es eine Tendenz zu erhöhter Selbstüberwachung und Empfindlichkeit. Universitäten erlassen „Triggerwarnungen“. Ein Kurs, den ich an der Universität von Glasgow unterrichtete, ist nun mit einer „Triggerwarnung“ versehen, weil Studierende sich von Kreuzigungsszenen vor den Kopf gestoßen fühlen könnten. Gleichzeitig hat man aus den Massakern in Paris aus dem Jahr 2015 die Erkenntnis gezogen, dass „Blasphemien“ und „die Verletzung religiöser Gefühle“ Scheinverbrechen sind, die gar nicht wirklich existieren.

Worin sich die Gesetze gegen Hate Speech und Blasphemie unterscheiden, steht also noch zur Debatte. Manche sind der Meinung, dass der britische Racial and Religious Hatred Act beispielsweise viel präziser und sicherer ist als die alten Blasphemiegesetze, weil er nur „bedrohliche Worte und Verhaltensweisen“ unter Strafe stellt und nur jene verfolgt, die „mit der Absicht handeln, ‚religiösen Hass zu entfachen‘“. Andere fragen sich, wie diese „Absicht, religiösen Hass zu entfachen“ gerichtlich festgestellt werden kann. In einer Fußnote des Racial and Religious Hatred Act steht, dass das Gesetz „in keiner Weise ein Verbot von Diskussionen, Kritik oder von Ausdrücken der Antipathie, der Ablehnung, des Spotts, der Beleidigung oder des Missbrauchs bestimmter Religionen, Glaubensrichtungen oder religiöser Praktiken darstellt“. Doch ab wann sind Antipathie oder Missbrauch eine Bedrohung?

Juristisch gesehen werden Sikhs und Juden als „ethnische“ Gruppe, Muslime und Christen dagegen als „religiöse Gruppe“ definiert. Der Schutz von religiösen Gefühlen wird viel kontroverser diskutiert als der Schutz von ethnischen Gruppen vor Rassismus. Viele sind der Meinung, dass die Religionszugehörigkeit nicht zu der Liste der „geschützten Merkmale“ (z. B. Behinderung, ethnische Herkunft, Sexualität oder Alter) des europäischen Rechts gezählt werden kann, weil sie sich kategorisch von diesen unterscheidet. Ein dänischer Rechtsexperte sprach vielen aus dem Herzen, als er in einem Artikel über die dänische Karikaturaffäre im Jahr 2005 fragte: „Wie soll etwas Unveränderliches wie die Hautfarbe mit der Religionszugehörigkeit gleichgesetzt werden können, wenn Letztere doch frei gewählt werden kann?“ Die Vorstellung, religiöse Gruppen müssten genauso geschützt werden wie ethnische Minderheiten vor Rassismus, führt uns direkt zu einer der wichtigsten modernen Ideen über die Blasphemie zurück, die wir in Kapitel 2 untersucht haben: „Blasphemie in Anführungszeichen". Die Verletzung von Vorstellungen oder Glauben hat nichts mit der Verletzung von echten Menschen zu tun, weil Götter und Religionen nicht real sind. George Foote und Charb haben mit ihren mutigen Worten für diese

Einsicht gekämpft. Doch es besteht die Sorge, dass manche Angriffe auf die Religion („Blasphemien") nichts anderes sind als ein Ventil für gesellschaftlich tabuisierte Rassismen gegenüber ethnischen Minderheiten.

Die Begriffe der ethnischen Herkunft und der Religion blicken in demokratischen Gesellschaften auf sehr unterschiedliche Geschichten zurück. Moderne Demokratien bauen auf dem Recht und der Freiheit auf, Religionen zu kritisieren und anzugreifen. Das Gegenteil gilt für Angriffe auf ethnische Minderheiten: Rassistisch motivierte Übergriffe sind ein Verbrechen, das der Vergangenheit angehören sollte. Es ist die legale Gleichsetzung von Religion und ethnischer Herkunft, die viele „Blasphemiker" wie Charb nach eigener Aussage zur „Blasphemie" verpflichtet. Ironischerweise könnten die neuen Gesetze zum Schutz vor religiöser Hate Speech also ein Grund sein, warum „Blasphemien" heute auf dem Vormarsch sind.

Das Gesetzestheater

Die Rechtsprechung wird häufig als *Theater* beschrieben. Zudem bezeichnen manche Rechtswissenschaftler wie Andreas Philippopoulos-Mihalopoulos das Recht als eine *Atmosphäre*, die weit über die Gerichtssäle hinausgeht. Beide Vorstellungen – das Recht als Theater und das Recht als Atmosphäre – können für unsere Untersuchung des Funktionierens und der Auswirkungen von Blasphemiegesetzen fruchtbar gemacht werden.

Der Prozess gegen Pussy Riot wurde bekanntermaßen als Schauprozess und Medienzirkus bezeichnet. Die Angeklagten saßen in einem Glaskäfig und protestierten gegen die vagen Anklageschriften, die sie des „Übergriffs auf die Gleichheit, die Identität und die tiefe Bedeutung [des Christentums]" bezichtigten sowie der „Absicht, tiefe spirituelle Wunden zu schlagen" und „die spirituelle Grundlage des Staates … zu untergraben". Das Urteil stand schon vor Prozessbeginn fest, denn Patriarch Kyrill I. hatte auf einer Predigt in einer Moskauer Kirche verkündet: „Kein Gläubiger kann nicht nicht verletzt worden sein."

Weniger bekannt sind die Worte, die ein Richter 1922 während des Prozesses gegen Gott, bei dem dieser zu neun Monaten Zwangsarbeit verurteilt wurde, an die Geschworenen richtete:

> Stellen Sie sich vor, *es erreichte Sie per Post ein Brief voller abscheulicher Verleumdungen gegen Sie … Was wäre Ihre erste Reaktion*? Liegt es nicht im Instinkt eines jeden ehrenwerten Mannes, der diesen Namen verdient, *den Mann oder die Frau, die ihn verleumdete, zu schlagen*? Aus diesem Grund besagt das Gesetz, dass es die Absicht des Angeklagten war, den öffentlichen Frieden zu stören … Fragen Sie sich selbst, ob es einem Menschen von starkem religiösem Gefühl, der stehen geblieben wäre und dieses Pamphlet gelesen hätte, möglich gewesen wäre, nicht zu dem Manne

> zu gehen, der das Pamphlet verkaufte, und ihn zu schlagen oder eine Sprache gegen ihn zu verwenden, die den öffentlichen Frieden störte …

Ähnlich klingt das bei dem Kronanwalt Alan King-Hamilton, der 1977 während des Prozesses gegen die *Gay News,* bei dem der Herausgeber Denis Lemon zu einer Gefängnisstrafe auf

Bewährung und einer Geldstrafe verurteilt wurde, folgende Worte an die Geschworenen richtete:

> Wenn Sie sich, meine Damen und Herren, dieses Gedicht [James Kirkups *The Love that Dares to Speak its Name]* ansehen, dann müssen Sie versuchen, sich den Eindruck, den es beim ersten Lesen auf Ihren Geist machte, wieder zu vergegenwärtigen. Sicherlich wird die Tatsache, dass Sie damals auf der Geschworenenbank eines Gerichtssaals saßen, ihren Einfluss gehabt haben. Fragen Sie sich daher, was Ihre Reaktion gewesen wäre, wenn Sie es bei sich zu Hause oder bei einem Freund oder an einem öffentlichen Ort gelesen hätten. Denken Sie auch daran, dass das Gedicht Ihnen nun seit einer Woche bekannt ist und Sie sich vielleicht daran gewöhnt haben. Sie müssen sich den allerersten Eindruck in Erinnerung rufen. Ein Medizinstudent mag, wenn er das erste Mal bei einer Operation zugegen ist, häufig – natürlich nicht immer, aber häufig – beim Anblick von Blut vor Schock in Ohnmacht fallen; nach einer Weile aber wird er sich daran gewöhnen, sodass dieses Ereignis jede Bedeutung für ihn verliert. Urteilen Sie also nicht danach, was Sie heute über das Gedicht denken. Urteilen Sie nach Ihrer ersten, unmittelbaren Reaktion,

denn Ihre Entrüstung oder die Entrüstung eines anderen kann nur zu diesem Zeitpunkt zur Geltung kommen …

Diese emotionalen Appelle an die Geschworenen erinnern mich an die Blasphemiedefinitionen, die wir am Ende von Kapitel 2 kennengelernt haben: Blasphemien sind wie das Gefühl, „das man bekommt, wenn in das eigene Haus eingebrochen wurde", oder wie die „redliche Empörung", die aufwallt, wenn „jemand das Innerste deiner Psyche berührt". Beide Ansprachen laden die Geschworenen auf theatrale Weise dazu ein, sich vorzustellen, wie sie sich gefühlt hätten, wenn das beleidigende Pamphlet zu ihnen *nach Hause* geflattert gekommen wäre (was nicht der Fall war: weder die *Gay News* noch Gotts *The Truthseeker* waren jemals in ihrem Briefkasten gelandet). Sie sollen sich ihre eigene Empörung bildlich vorstellen, um mit den starken religiösen Gefühlen anderer mitfühlen zu können. In den beiden Urteilen von 1922 und 1977 wird der Rache- und Gewaltinstinkt von Individuen oder Gemeinschaften *bestätigt* und nicht kritisiert. In Lord Hamiltons Rede werden die Geschworenen sogar in das imaginäre Theater eines Operationssaals versetzt. Die Vorstellung des jungen Medizinstudenten, der vor Ekel in Ohnmacht fällt, soll es den Geschworenen leichtermachen, sich ihre eigene erste Reaktion in Erinnerung zu rufen bzw. auszumalen.

Im Falle der Blasphemiegesetze ist die Verbindung zwischen Theater, Fernsehen und Rechtsprechung besonders dramatisch und offensichtlich. Der Rechtsanwalt, der Denis Lemon beim *Gay News*-Prozess verteidigte, war kein anderer als John Mortimer, berühmt für seine Rolle als Rumpole von Old Bailey in der gleichnamigen Fernsehserie. Mortimer/Rumpole beriet auch Monty Python im Umgang mit den Blasphemievorwürfen während der Produktionsarbeiten zu *Das Leben des Brian.* Der britische Muslim Abdul Choudhury scheiterte zwar mit seinem Versuch, gegen die *Satanischen Verse* Anklage zu erheben, weil das britische Blasphemiegesetz nur anglikanische Christen schützte. Doch der Fall wurde in der TV-Show *Hypotheticals: A Satanic Scenario* unter Vorsitz des Moderators

und Kronanwalts Geoffrey Robinson vor einem medialen Gericht verhandelt.

Wenn es um Blasphemie geht, sind auch die Auswirkungen der rechtlichen *Atmosphäre* besonders offensichtlich. Mashal Khan (siehe Kapitel 2) wurde nicht vom Gesetz, sondern von einer selbsternannten Bürgerwehr ermordet, die unter dem Einfluss einer Kampagne von Premierminister Nawaz Sharif

10. TV-Prozess für Monty Pythons Das Leben des Brian. Mervyn Stockwood (Bischof von Southwark) und Malcolm Muggeridge spielen sich bei der beliebten Talkshow *Friday Night, Saturday Morning* als Richter gegen John Cleese und Michael Palin auf (9. November 1979).

gegen blasphemische Inhalte in den sozialen Medien stand. Die bloße Existenz von Blasphemiegesetzen erzeugt eine Atmosphäre, in der nicht-legale Autoritäten wie Museumskomitees und Zeitungen Urteile fällen, als wären sie Richter oder Geschworene in einem Gerichtssaal. Ein besonders interessanter „Fall" – den es sich anzusehen lohnt – ist die Sonderausgabe der BBC-Fernsehshow *Friday Night, Saturday Morning*, bei der der Bischof von Southwark (Mervyn Stockwood) und Malcolm Muggeridge neben zwei der Autoren von *Das Leben des Brian,* Michael Palin und John Cleese, auftreten (siehe Abbildung 10). Muggeridge und der Bischof verhielten sich, als wären sie Richter oder religiöse Autoritäten, die Cleese und Palin von oben herab für ihren „verdorbenen", „sündhaften" und „viertklassigen" Film verurteilen könnten. Die Öffentlichkeit stellte sich jedoch mehrheitlich hinter die Pythons und der imaginierte Fernsehprozess ging nach hinten los.

Juden und Muslime

Wir haben uns in Kapitel 2, „Blasphemie in Anführungszeichen“, einen berühmten Essay von T. S. Eliot angesehen, in dem dieser behauptet, „blasphemierende“ Europäer und Nordamerikaner seien wie fluchende Papageien. Die weniger appetitlichen Passagen dieses Essays werden jedoch meist übergangen. Eliot sieht nämlich zwei Probleme: Gesellschaften werden nicht nur post-christlich und atheistisch, sondern auch multikulturell und multi-religiös. Problematisch ist nicht nur der Glaubensverlust, sondern die Zunahme von Glauben – im Plural. Für eine wahre Blasphemie braucht es laut Eliot eine *Tradition*, also eine „Art und Weise des Fühlens und Handelns, die eine Gruppe über Generationen hinweg auszeichnet“ und eine „über zahlreiche Generationen hinweg geformte“ Verwurzelung an einem Ort. In einer Textstelle, die (aus offensichtlichen Gründen) viel seltener wiederholt wird als der fluchende Papagei, schreibt er:

> … wo zwei oder mehr Kulturen koexistieren, werden beide sehr wahrscheinlich entweder extrem selbstbewusst, oder

sie verderben. Noch wichtiger jedoch ist die Einheit des religiösen Hintergrunds; jeder freidenkende Jude ist *aus Gründen der Rasse und der Religion* unerwünscht (meine Hervorhebung).

T. S. Eliot kann sich mit dem Gedanken anfreunden, dass eine Tradition sich mit der Zeit verändert. Aber er möchte nicht,

dass verschiedene Traditionen, Religionen oder Ethnien sich an einem Ort vermischen.

Vorstellungen über die Blasphemie haben sich mit der stärkeren Sichtbarkeit von religiösen und ethnischen Minderheiten verändert. Dabei geht es bei dem Begriff „Minderheit" nicht um Zahlen. Frauen beispielsweise können eine „Minderheit" sein, weil sie in der Öffentlichkeit weniger repräsentiert werden, weniger sichtbar sind und weniger Respekt erfahren.

In Kapitel 2 haben wir die *zivilen Behinderungen* untersucht, die es religiösen Minderheiten (wie Juden, Atheisten und nonkonformistischen Christen) verboten, ein öffentliches Amt an einem Gericht oder im Parlament zu bekleiden. Dieses Privileg war nur jenen vorbehalten, die die heilige Kommunion nach den Bräuchen der anglikanischen Kirche empfangen hatten. Diese zivilen Behinderungen wurden, wie bereits besprochen, 1828 für Katholiken und Nonkonformisten, 1858 für Juden und 1888 für bekennende Atheisten abgeschafft. Ethnische und religiöse Minderheiten wurden damals in der Öffentlichkeit also nicht nur durch Einwanderung präsenter. Minderheiten, die schon seit Generationen da gewesen waren, wurden erst durch die Aufhebung der zivilen Behinderungen öffentlich sichtbar. Es wird häufig übersehen, dass das berühmte Coleridge-Urteil, das wir in

Kapitel 4 kennengelernt haben, in die Zeit der Aufhebung der zivilen Behinderungen für Juden fiel. Während George Footes Prozess diskutierten Foote und Lord Coleridge lange über die Tatsache, dass die Richter und die Geschworenen von nun an Juden sein durften. Sie waren sich einig, dass die Blasphemie unter diesen neuen Umständen nicht mehr als ein Vergehen gegen die *Inhalte* der christlichen Religion definiert werden konnte. Foote jedoch schloss daraus, dass der Begriff der „Blasphemie" schlicht keine Bedeutung mehr hatte, während Coleridge der Meinung war, der Begriff müsse als ein Vergehen gegen den guten Geschmack und die Sittlichkeit umgedeutet werden.

In vormodernen Zeiten waren Juden besonders häufig Blasphemievorwürfen ausgesetzt. Der Talmud wurde regelmäßig wegen Blasphemien „gegen Jesus und Maria" und aufgrund seiner „närrischen, aufrührerischen Mären" verbrannt. Die modernen Blasphemiegesetze dagegen neigten dazu, die Blasphemie als ein Verbrechen zu definieren, das nur von Christen gegen das Christentum begangen werden konnte – was zur Folge hatte, dass Juden nicht blasphemieren und gegen das Judentum nicht blasphemiert werden konnte. Juden waren unsichtbar. Der Beamte im britischen Innenministerium, der 1913 argumentierte, dass man „darüber nachdenken könnte, die Blasphemiegesetze zu erweitern, *wenn* gezeigt werden kann, dass die jüdische Religion regelmäßig verleumdet wird", zäumte das Pferd von hinten auf. Erst das Gesetz macht gesellschaftliche Gruppen sichtbar oder unsichtbar. Angriffe auf das Judentum konnten nur durch ein Blasphemiegesetz sichtbar gemacht werden, das Blasphemien gegen das Judentum als solche registrierte.

In der Moderne gab es nur wenige Blasphemieprozesse, in denen Juden als Kläger, Ankläger oder Verteidiger auftraten. Das Bild „der Juden" wurde in Blasphemiekontroversen jedoch schon immer als Projektionsfläche genutzt – und das gilt auch und insbesondere für die Moderne. Viele Aufklärungsdenker und Blasphemiker nutzten für ihre Argumente etwas, das ich als einen „virtuellen Juden" oder ein „Judenhologramm" be-

zeichnen möchte. George Footes blasphemische Bibelkarikatur „Moses Getting a Back View" (Abbildung 7) ist das beste Beispiel. Die Zeiten, Geschmäcker und „Blasphemien" ändern sich. Die Pythons hatten keine Ahnung, wie beleidigend das Blackfacing auf meine Student:innen im Jahr 2019 wirken würde. George Footes Karikatur mag uns heute – jedenfalls im Vergleich zu den Mohammedkarikaturen – eher harmlos erscheinen. Doch Foote hatte keine Ahnung, wie viel Schmerz und Wut seine antisemitische Darstellung von Mose heute hervorrufen würde.

Ich habe mit Absicht eines der weniger krassen Exemplare aus Footes Bibelkarikaturen ausgewählt. Der jüdische Gott erscheint in diesen häufig als grotesker Kobold mit Hakennase. In einer der Karikaturen ist zu sehen, wie ein armes, nicht-jüdisches Opfer – Foote selbst – von harten und rachsüchtigen *Judenrichtern* verurteilt wird. Darin steckt eine tiefe Ironie, denn Foote und seine Zeitgenossen wussten ganz genau, dass es Juden erst seit Kurzem erlaubt gewesen war, als Geschworene oder Richter zu fungieren. Die Karikatur macht also nur im Kontext der christlichen Lehre Sinn, in der Juden (das heißt: die Judenhologramme) als überempfindliche und verbissene Repräsentanten des Gesetzes karikiert werden.

Warum griff Foote, der Atheist, auf alte christliche Stereotype zurück? Wie viele Freidenkeraktivisten wiederholte er die üblichen, christlichen Stereotype über das Alte Testament und das Judentum, um sie anschließend auf die gesamte christliche Tradition auszuweiten, die seiner Ansicht nach nicht besser war als „Mumbo Jumbo“ oder der „primitive Gott der Juden“. Obwohl er bekennender Atheist war und durch Blasphemie einen Raum für die neuen Bewegungen des Säkularismus und Atheismus zu schaffen versuchte, wiederholte Foote automatisch das christliche Zerrbild der Juden als Repräsentanten eines unerbittlichen und rachsüchtigen Gesetzes. Und so taten es viele. Der Buchhändler Thomas Paterson aus Edinburgh verglich sich bei seinem Prozess im Jahr 1844 (dem letzten Blasphemieprozess in Schottland) mit Jesus und seine Ankläger mit den Juden, dieser „grausamen und intoleranten Rasse“, die glaube, es sei ihre Pflicht, „jede Seele zu töten, die ihrer Meinung nach eine Blasphemie begangen hatte“. Obwohl Juden weder als Richter arbeiten noch einen Blasphemiefall vor Gericht bringen konnten, wurden die Richter, die Blasphemien drakonisch bestraften, mit „den Juden“ der Evangelien verglichen, die Jesus den Prozess gemacht hatten.

Seit den späten 1970er- und 1980er-Jahren (also viel später, als man denken würde) hat sich die Haltung zur Blasphemie in Europa und den nordischen Ländern um 180 Grad gewendet. In der Vergangenheit richtete sich die gängige Moral *gegen* die Blasphemie und der Blasphemiker wurde als Bedrohung empfunden und ausgestoßen. Heute dagegen wird die Blasphemie meist toleriert oder sogar als eine der Definitionen moderner westlicher Demokratien gefeiert. Sicherlich steckt noch viel von der „Vergangenheit“ im „Heute“. Doch während Blasphemien in westlichen Staaten früher noch verfolgt und verurteilt wurden, wird die Toleranz gegenüber Blasphemien heute meist als ein wesentlicher Bestandteil der westlichen demokratischen Tradition angesehen. Das Problem mit der Tradition ist nur, dass sie, wie T. S. Eliot feststellte, nicht feststeht und sich schnell verändern kann.

Die Ablehnung der Blasphemie ist also mit der Zeit zu

einer Minderheitenposition geworden und wurde als solche auch mehr und mehr mit Minderheiten in Verbindung gebracht: erst mit Juden, dann mit Muslimen. Heute wird die Blasphemie häufig für ein muslimisches Problem gehalten. Doch diese Meinung hat sich erst seit der Kontroverse um die *Satanischen Verse* im Jahr 1989 weit verbreitet. Vor diesem Vorfall sprach man im Zusammenhang mit der Blasphemie nur selten vom Islam und nutzte Vergleiche mit Mohammed, um etwas über das Christentum und Christus auszusagen. Thomas Woolston (1668–1733) hatte sich u. a. wegen folgender Aussage der „Blasphemie" schuldig gemacht: Wären die Wunder Jesu Mohammed zugeschrieben worden, dann hätten christliche Theologen diesen als „einen Zauberer, Magier, Geisterbeschwörer und Sklaven des Teufels" beschimpft. Thomas Aikenhead wurde 1697 hingerichtet, weil er gesagt hatte, dass Mose im Vergleich zu Christus der bessere Künstler und Politiker war und dass Mohammed ihm lieber sei als Christus.

Die erste „blasphemische" Mohammedkarikatur der Moderne

Die erste, unabsichtlich „blasphemische" Mohammedkarikatur des modernen Europa stammte aus der Feder des berühmten britischen Karikaturisten David Low und handelte eigentlich vom Cricket. Die Karikatur *It* aus dem Jahr 1925 war eine Hommage an den berühmten Cricketspieler Jack Hobbs, der am Tag zuvor sein 126. Century erzielt hatte. „Mohammed“ war darin eine von vielen Miniaturfiguren in einer witzigen „Galerie der wichtigsten Persönlichkeiten der Geschichte“, die allesamt von dem Cricketgiganten in den Schatten gestellt wurden (neben Mohammed waren Adam, Julius Caesar, Charlie Chaplin, Christopher Columbus und David Lloyd George zu sehen).

In seiner Autobiografie erzählt Low, dass er zuvor von seinem Herausgeber gerüffelt worden war, weil er sich in einer anderen Karikatur über das Christentum lustig gemacht hatte. Daher entschied er sich anstelle von Jesus für die viel weniger umstrittene Figur: Mohammed. Denn in einer so weit verbreiteten Zeitung wie *The Star*, der damals in einer Auflage von 700 000 erschien, gäbe es, so Low, „zu viele Leute, denen man auf die Füße treten könnte“. Er wählte Mohammed also, weil er niemandem auf die Füße treten und einen Skandal *vermeiden* wollte. Jump Cut ins zweite Jahrzehnt des 21. Jahrhunderts und der Verlag dieses Buches hat beschlossen, besagte Karikatur nicht abzudrucken, um niemanden vor den Kopf zu stoßen.

In Lows Vorstellung gab es im Großbritannien der 1920er keine (oder nur sehr wenige) muslimische Füße, auf die man hätte treten können. Daher waren er und sein Herausgeber überrascht, als die kleine, aber wachsende Community von Ahmadiyya-Muslimen – die gleiche Gruppe, die heute unter den verschärften, kolonialen Blasphemiegesetzen Pakistans verfolgt wird – Protest einlegte. Ein Brief wurde an Lows

Zeitung geschickt und die Menschen in Indien gingen auf die Straße. In seiner Autobiografie beschreibt Low ein indisches Plakat, das Muslime dazu aufforderte, „ihre Liebe zum Islam unmissverständlich zu beweisen, indem sie die indische Regierung dazu bringen, die britische Regierung dazu zu veranlassen, dem Herausgeber dieser Zeitung so gehörig die Ohren zu verdrehen, dass es auch anderen Zeitungen eine Lehre sein wird“. Low kommentierte das scherzend: „Die britische Regierung ist darauf nicht eingegangen, wir haben nämlich nichts weiter von ihr gehört“, und fügte hinzu: „Es bleibt doch ein gewisses Bedauern darüber, dass die hübsche Szene, bei der meinem unglücklichen Herausgeber auf Tower Hill mit Militärparaden und Trommelfeuer die Ohren verdreht werden, nie in die Geschichte eingehen durfte.“

David Lows Witzeleien über die muslimischen Proteste erscheinen uns heute herablassend und kolonialistisch. Obwohl er selbst kein frommer Christ war, wiederholte er, indem er den Islam als gefährlich und fanatisch und gleichzeitig als machtlos und komisch darstellte, althergebrachte Zerrbilder von anderen Religionen. Der Witz über einen muslimisch geprägten Blasphemieprozess auf Tower Hill zeigt, wie weit Muslime in der Vorstellung Lows und seiner Zeitgenossen von jeder Teilhabe an den symbolischen Machtzentren entfernt waren. Indem er sich einen mittelalterlichen Prozess am London Tower ausmalte, scheint Low außerdem angenommen zu haben, dass in Großbritannien seit dem Mittelalter niemand mehr wegen Blasphemie verfolgt worden ist – und das nur drei Jahre nach der Gefängnisstrafe für John William Gott im Jahr 1922.

Die Satanischen Verse

Als Salman Rushdies Roman *Die satanischen Verse* 1988 erschien, studierte ich gerade im zweiten Jahr Englische Literatur. Wenn ich in meinen Seminaren heute über die Affäre spreche, die dieser Roman damals ausgelöst hat, versuche ich meine Student:innen, die an die heutigen Debatten über ethnische Zugehörigkeit und Religion gewöhnt sind, zunächst in ein fremdes Land zu versetzen: das England der 1980er-Jahre. Ich stelle diesen manchmal schockierten Migrant:innen eine Welt vor, in der der alltägliche Rassismus durch Sitcoms wie *Love thy Neighbour, Mind your Language* und *It Ain't Half Hot Mum* normalisiert wurde. Gemeinsam lesen wir dann Rushdies Essay *The New Empire within Britain* (1982) und sehen uns die endlose Litanei rassistischer Aussagen vonseiten des politischen Establishments, der Judikative, der Polizei und der rechtsextremen National Front an. Als Beispiel nennt Rushdie auch Lord Denning, den wir bereits in Kapitel 4 kennengelernt haben. Wie T. S. Eliot wird Lord Denning in zahlreichen Einführungen zur Blasphemie erwähnt, weil er 1949 sagte, die Blasphemie sei eine „Karteileiche". Rushdie jedoch zitiert eine andere, weniger sympathische Aussage Dennings: Schwarze und braune Bürger dürften keine Geschworenen sein, weil sie „andere Verhaltensstandards haben". Wie T. S. Eliot ist Denning sehr darüber beunruhigt, dass die Engländer keine „homogene Rasse" mehr sind.

Heute bieten einige Universitäten Kurse zur Dekolonisierung des Kurrikulums und zu Critical Whiteness an. In meinem ziemlich konventionellen Literaturstudium in den 1980er-Jahren waren *Die satanischen Verse* der erste Roman, der mich dazu brachte, über die Migration und ein Leben zwischen verschiedenen Welten nachzudenken. Die Geschichte der „zwei braunen Männer", Gibril Farishta und Saladin Chamcha, die auf magische Weise eine Flugzeugexplosion überleben und in London, der „Hauptstadt von Vilayet" (dem Hindi-Wort für „fremder Ort"), Margaret Thatchers „Ellohenn, Deeohenn", landen, berührte mich tief. Gibril

und Saladin werden von Rassisten angespuckt und als „illegale" Einwanderer eingesperrt. Doch sie durchlaufen auch wundersame Metamorphosen und werden durch waghalsige Akte der „Blasphemie" (Rushdie selbst nutzt dieses Wort) zu Schöpfern ihrer selbst: zu wandelbaren, mobilen Kreaturen, zusammengesetzt aus „Stücken und Fragmenten von hier und dort".

Beim Blättern in meinem schon etwas zerfledderten Exemplar des Romans sah ich, dass ich Zeilen wie diese unterstrichen hatte: „Frage: Was ist das Gegenteil von Glaube? Nicht Unglaube. Zu endgültig, gewiss, hermetisch. Selbst eine Art Glaube. Zweifel." Und: „Was für eine Art Idee bist du? Gehörst du zu der Art, die Kompromisse eingeht, die Abkommen trifft, sich an die Gesellschaft anpasst, bestrebt ist, eine Nische zu finden, zu überleben; oder bist du der sture, verflucht rücksichtslose, stocksteife Typ von Idee, der lieber zerbricht, als sich nach dem Wind dreht? – Von jener Art, die höchstwahrscheinlich, in neunundneunzig von hundert Fällen, zerschmettert wird, aber im hundertsten Fall die Welt verändert?" Ich wusste damals kaum etwas über Religionen jenseits des Christentums, mit dem ich aufgewachsen war, und stellte mir Salman Rushdie als eine Art William Blake vor. Ich hatte keine Ahnung, dass der Titel *Die satanischen*

Verse eine Anspielung auf eine umstrittene Überlieferung über Mohammed und die drei präislamischen Göttinnen al-Lāt, al-'Uzzā und al-Manāt ist.

An der Tradition der satanischen Verse zeigt sich wieder einmal, wie fluide die religiösen Traditionen in vormodernen Zeiten waren. In der Sure 53.23 des Koran sagt Mohammed Folgendes: „Das [die Göttinnen] sind nur Namen, die ihr genannt habt, ihr und eure Väter, für die Allah (aber) keine Ermächtigung herabgesandt hat." Eine strikt monotheistische Aussage – so weit, so gut. Doch bei at-Tabarī, einem Korangelehrten, der im 10. Jahrhundert Geschichten über das Leben Mohammeds sammelte und niederschrieb, klingt das ambivalenter: „Satan wirft eine falsche Offenbarung auf die Zunge des Gesandten Gottes." Um als guter Botschafter mit den arabischen Polytheisten ins Gespräch zu kommen, sagte Mohammed laut at-Tabarī etwas, das klang, als ob er al-Lāt, al-'Uzzā und al-Manāt zwar nicht als Göttinnen, aber doch als engelhafte Fürbitterinnen akzeptierte. Diese Situation stellte sich jedoch als satanische Versuchung heraus und Mohammed zog seine Worte zurück. At-Tabarī zieht aus dieser Episode die Lehre, dass „Satan Mohammed Worte eingibt", aber „Gott siegt".

Das literarische Genre ist für unsere Untersuchung der Blasphemie an dieser Stelle entscheidend. *Die satanischen Verse* sind ein *Roman*, ein Werk magisch-realistischer Fiktion. Salman Rushdie nimmt das vielsagende „Was wäre, wenn" der satanischen Verse und lässt ihm in der Fiktion freien Lauf. *Was wäre, wenn* ein Mann namens Mahound (dem Schimpfnamen der christlichen Kreuzzügler für Mohammed) einen teuflischen Schreiber hätte, der, sagen wir, Salman hieße und

Mahound die Worte, so wie er sie diktierte, im Mund verdrehte? Was wäre, wenn er zunächst nur Kleinigkeiten veränderte und zum Beispiel statt „der Allhörende, der Allwissende“, „der Allwissende, der Weise“ aufschriebe – und dann im Rausch der unbemerkt in die wahren eingestreuten falschen Worte immer stärker in das Diktat eingriffe? Was wäre, wenn er an den kontroversesten Stellen des Romans anstatt Mekka Jahilia schriebe (den Namen der präislamischen Stadt des Unwissens) und sich Prostituierte ausdächte, die sich nach Mohammeds Ehefrauen benennen?

Obwohl es bei den *Satanischen Versen* um eine ganz andere Art von „Blasphemie“ geht als bei der innerchristlichen, britischen „Blasphemie“ von Monty Pythons *Das Leben des Brian,* werden beide Fälle häufig fälschlicherweise in eine Schublade gesteckt. Rushdie wollte mit seiner verdrehten Version des Islam die „unermessliche Entfernung zwischen dem Indersein und dem Engländersein“, zwischen dem britisch-christlichen Säkularismus und dem Islam aus Rushdies eigener Kindheit in Mumbai ausloten. Der Autor widersprach seinen Gegnern, dass Mahound genauso wenig Mohammed sei wie Brian Jesus oder die Christusfigur in Martin Scorseses Verfilmung von Nikos Kazantzakis *Die letzte Versuchung Christi* der Christus der Evangelien. Doch weiter greifen die Vergleiche mit Christus auch nicht. Monty Pythons *Brian* machte sich mit Insiderwitzen über die britische Kirche und den Staat lustig. Der Autor der *Satanischen Verse* dagegen wagte den Versuch, aus dem Schimpfwort der „farangis“ (Europäer) für Mohammed, Mahound, „eine Stärke zu machen“, genau wie „Whigs, Tories und Schwarze mit Stolz die Namen tragen, die einst als Beleidigung gedacht gewesen waren“. In der komplexen, sozialen

Ökologie des unbeholfen post-imperialistischen Großbritanniens war das ein Skandal.

Die Affäre um die *Satanischen Verse* nahm schnell ungesehene Ausmaße an und geriet außer Kontrolle. Shabbir Aktar, Mitglied des Bradford Council of Mosques, erklärte 1989 in einer Stellungnahme im *Guardian,* dass „jeder, der sich nicht von Rushdies Buch beleidigt fühlt, *ipso facto* kein Muslim mehr ist …" (Ganz so wie Patriarch Kyrill auf Pussy Riot reagiert hatte: „Kein Gläubiger kann nicht nicht verletzt worden sein"). Am Valentinstag 1989 sprach Ayatollah Khomeini seine berüchtigte Fatwa gegen Rushdie aus. Der Ayatollah mag sich dabei besonders über das vierte Kapitel der *Satanischen Verse* geärgert haben, in dem die nicht gerade schmeichelhafte Geschichte eines geifernden Imams erzählt wird, der mit Khomeini einige Ähnlichkeit hat. (Wie wir gesehen haben, lassen sich politische und religiöse Beleidigungen oft kaum auseinanderhalten.)

Im Nachgang des Skandals um die *Satanischen Verse* wurde das Wort *fatwa*, das eigentlich nur „religiöse Erlasse zur Anwendung religiöser Gesetze auf bestimmte Situationen" bedeutet, nachhaltig mit brutalen Bestrafungen und Todesurteilen in Verbindung gebracht. Renommierte postkoloniale Autor:innen wie Nagib Mahfuz und Edward Said verteidigten nicht die Meinungsfreiheit des Autors, sondern verurteilten Rushdie dafür, dass er (in Saids Worten) „uns nicht verteidigt und empathisch darstellt", sondern ein „grobschlächtiges … und respektloses Bild von uns zeichnet, obwohl das Publikum sowieso schon daran gewöhnt ist, unsere Tradition, Wirklichkeit, Geschichte, Religion, Sprache und Wurzeln niederzumachen."

Die Vorstellung, dass Mitglieder einer Minderheit diese Minderheit positiv darstellen müssten, findet sich in vielen Blasphemiekontroversen der letzten Jahre. Im Jahr 2004 beispielsweise wurde das Stück *Behzti* („Schande“) vom Birmingham Rep aus dem Programm genommen, nachdem Mitglieder der Sikh-Community massenhaft gegen die Aufführung auf die Straße gegangen waren. Der preisgekrönten Dramatikerin Gurpreet Kaur Bhatti wurde vorgeworfen, die Sikhs entehrt zu haben. In Anlehnung an die britischen sogenannten „Spülbeckendramen“ der 1960er-Jahre hatte *Behzti* eine trostlose und niederträchtige Realität auf die Bühne gebracht, die sich sonst hinter verschlossenen Türen abspielte – und dabei auch sexuellen Missbrauch thematisiert. Wie Rushdie musste Gurpreet Kaur Bhatti unter Polizeischutz gestellt werden und ihre Heimat verlassen, um den Todesdrohungen zu entkommen.

Ironischerweise war Rushdies Roman, obwohl er das Weißsein des britischen Establishments scharf angriff, der Auslöser für eine der ersten großen religiös-ethnischen Protestbewegungen britisch-muslimischer Communities. Wer gegen den Roman protestierte, setzte ein Zeichen für mehr Sichtbarkeit und Respekt. In Bradford und London wurden die muslimischen Protestierenden von Mitgliedern der rechtsradikalen National Front als „Pakis“ beschimpft.

Die Erinnerung zeichnet häufig ein einseitiges Bild dieser Protestmärsche. Man vergisst leicht, wie viele Muslime weder das Verbot und erst recht nicht die Fatwa unterstützten; und wie viele Muslime keine Anklage wegen Blasphemie erheben durften, weil ihnen, ebenso wie dem Christen Alexamenos, der sich nicht gegen die römische Jesus-Esel-Karikatur wehren konnte (siehe Kapitel 1) der Zugang zur Rechtsprechung verwehrt war. Wir sollten uns auch wieder die vielen, mutigen Frauen von Women Against Fundamentalism und Southall Black Sisters in Erinnerung rufen, die mutig für Rushdie auf die Straße gingen und von beiden Seiten – den muslimischen Männern ebenso wie der National Front – angegriffen wurden.

Weil es bei diesem Kapitel hier um Minderheiten geht, sollten wir für einen Moment innehalten und über den Zusammenhang von Blasphemie und Gender nachdenken. Weil die Blasphemie ein *soziales* Vergehen gegen gesellschaftliche Eliten ist, richtet sie sich in den meisten Fällen gegen Männer: Könige, Brahmanen oder Männer, die das politische und religiöse Erbe Mohammeds verkörpern. Bis vor Kurzem ging es bei Blasphemien meist um öffentliche Angriffe von Männern auf andere Männer in religiösen Führungspositionen. Doch Historiker decken immer mehr Geschichten von Frauen auf, die ebenso in Blasphemiekontroversen verwickelt waren: die weiblichen Predigerinnen und Unterstützerinnen der Polygamie, die das 1650 von Oliver Cromwells Parlament erlassene Blasphemiegesetz zum Schweigen bringen sollte; die Quäkerfrauen Martha Symonds, Hannah Stranger und Dorcas Erbury, die an James Naylers „blasphemischen" Performances mitgewirkt hatten; die Aktivistinnen des Freethought and Abolition Lecture Circuit (u. a. Annie Besant, Francis Wright und Eliza Sharples); und Ehefrauen wie Jane Carlile, die an der Seite ihrer Männer für das Freidenkertum kämpften. Zwar standen Frauen nur selten im Zentrum von Blasphemiekontroversen; der weibliche Körper dafür aber umso häufiger. Im 19. und 20. Jahrhundert ging es bei Blasphemiekontroversen häufig auch um die Empfängnisverhütung. Und viele der

Proteste gegen die *Satanischen Verse* richteten sich insbesondere gegen die Passagen, in denen Prostituierte die Namen von Mohammeds Ehefrauen annehmen, um deren Ehre zu verteidigen.

Seit den 1980er-Jahren sind Frauen in Blasphemiekontroversen und im Kampf für die Meinungsfreiheit sichtbarer geworden. Für die Women Against Fundamentalism ist der Kampf für die Meinungsfreiheit ein zentrales feministisches und antirassistisches Anliegen. Mitglieder der feministischen Gruppe Femen protestieren häufig mit freiem Oberkörper gegen religiöse Autoritäten, weil es in der traditionellen Religion ihrer Meinung nach keine größere Blasphemie gibt als den nackten weiblichen Körper. Gurpreet Kaur Bhattis „blasphemisches" Theaterstück *Behzti* thematisiert den Missbrauch von Frauen und Mädchen. Die ehemalige somalische Geflüchtete Ayaan Hirsi Ali drehte gemeinsam mit dem niederländischen Filmemacher Theo van Gogh den Film *Submission*, in dem in Anlehnung an die Bildsprache der iranisch-amerikanischen Videokünstlerin Shirin Neshat Koranverse auf nackte, weibliche Körper geschrieben werden. Pussy Riot wählten als Ort für ihre Performance ganz bewusst die Kanzel, zu der Frauen normalerweise keinen Zutritt haben, und brachen in ihren Texten mit den Gendernormen. Sie nannten Patriarch Kyrill absichtlich eine „Fotze" *(suka)* – und nicht, wie es häufig fälschlich übersetzt wird, einen „Bastard". Dahinter steckt der Gedanke, dass man einem Mann in der heutigen Gesellschaft nichts Schlimmeres antun kann, als ihn als Frau zu bezeichnen. Der Spott und die Banalisierung, mit der man den Bandmitgliedern begegnete, zeigen, dass mit weiblichen Blasphemikerinnen sozial und rechtlich häufig ganz anders umgegangen wird als mit ihren männlichen Kollegen. Wladimir Putin prahlte, er habe sie mit der 2-jährigen Freiheitsstrafe in einer Strafkolonie „in einen Zweiteiler gesteckt". Ein linker Kommentator war der Meinung, man solle die Mädchen nicht verhaften, sondern ihnen den Hintern versohlen.

Die Reaktionen auf *Die satanischen Verse* waren chaotisch und komplex. Vertreter des britischen Establishments belehrten die muslimische Community über die gute britische Tradition der Meinungsfreiheit, nur um Rushdie im nächsten Satz selbst zu verurteilen. Wenige zeigten Verständnis für die empörten Muslime und als der Roman und Rushdie-Puppen öffentlich verbrannt wurden und die Fatwa ausgesprochen war, wandte sich die öffentliche Meinung endgültig gegen sie. Der Islam galt nun als fundamentalistisch, gewalttätig und „mittelalterlich". Viele Kommentatoren ließen sich mit ihrem Halbwissen zu Aussagen über das Wesen des Christentums und des Islam hinreißen. Die feministische Autorin Fay Weldon beispielsweise verkündete, ohne auch nur ein einziges Bibel- oder Koranzitat zu liefern, dass die Bibel „zum Nachdenken anregt" und als Fundament „einer anständigen Gesellschaft" brauchbar sei, während der Koran keinesfalls „ein Gedicht ist, auf dem eine Gesellschaft sicher und sinnvoll aufbauen kann", weil er „Veränderung, Interpretation, Selbstwissen und sogar die Kunst verbietet, um Allah ja nicht auf seine schöpferischen Füße zu treten".

Die Proteste und Positionen zu den *Satanischen Versen* gingen wild durcheinander. In der gesellschaftlichen Erinnerung reduziert sich dieses Chaos auf ein Schwarz-Weiß-Bild, das leichter zu fassen ist. Zuerst wurde aus einer Kontroverse eine „Affäre" – ein Begriff, der auf die Dreyfus-Affäre in Frankreich

(1894–1906) zurückgeht: auf der einen Seite der jüdische Hauptmann, dem in Europa zu Unrecht der Prozess gemacht wurde; auf der anderen Seite die *Satanischen Verse* und ein weiterer Showdown zwischen Europa und seinen Minderheiten. Das breite Spektrum an Positionen zu Rushdies Roman wurde auf nur zwei heruntergebrochen. Das befeuerte auf beiden Seiten die Agenda derer, die die Menschen vor die Wahl zwischen dem „Islam" und dem „Westen" stellen wollten.

Die Rushdie-Affäre brach kurz vor dem Fall der Berliner Mauer und dem Ende des Kalten Krieges aus, nur ein Jahr bevor Samuel Huntington seine berüchtigte These vom Kampf der Kulturen veröffentlichte. Huntington war der Meinung, dass auf den alten Kalten Krieg zwischen dem Westen und den Sowjets ein neuer religiöser Konflikt zwischen dem christlichen Westen und dem islamischen Osten folgen würde, der „viel tiefer geht" als die Unterschiede zwischen politischen Ideologien. So wurden aus ethnischen Differenzen religiöse Differenzen. In den 1980er-Jahren, der Zeit des „Paki-Bashings", machte man sich über das jeweilige Herkunftsland oder die Hautfarbe von Minderheiten lustig. In seinem Buch *From Fatwa to Jihad* erinnert sich der Autor und Radiojournalist Kenan Malik daran, dass er und seine Zeitgenossen sich 1988 eher als Schwarze denn als Muslime, Hindus, Sikhs oder gar Asiaten identifizierten.

„Ich dachte, das wars mit der Religion", kommentiert einer der Interviewten in einer Dokumentation, die dreißig Jahre später auf die Affäre um die *Satanischen Verse* zurückblickt. Seit den 1980er-Jahren haben sich viele schockiert über die *Rückkehr der Religion* gezeigt, d. h. über die Rückkehr der Religion als Gefahr und Problem. Und genauso überrascht waren viele über die Rückkehr der Blasphemie, die doch eigentlich schon längst von der Bildfläche hätte verschwinden müssen. Die Rückkehr der Religion und die Beständigkeit, oder Rückkehr, der Blasphemie sind zwei Seiten einer Medaille. Jedes Mal, wenn eine Kontroverse öffentlich als „Blasphemie" eingeordnet wird, gilt sie nicht mehr als politisches oder ethnisches, sondern als religiöses Problem. Die Blasphemie erlebte einen Aufschwung, weil sie zur Probe für im Westen lebende Minderheiten geworden war – und zwar genau zu der Zeit, in der europäische und skandinavische Länder zu behaupten begannen, ihre nationalen Traditionen hätten noch nie ein Problem mit Blasphemien gehabt.

Die dänische Karikaturenaffäre

Auf die Rushdie-Affäre folgte in den 1990er-Jahren eine Phase, in der es um die Blasphemie relativ still wurde. In der Zeit nach dem 11. September änderte sich das jedoch schlagartig, als eine neuerliche Debatte über Huntingtons These entflammte und eine weitere „Affäre" Schlagzeilen machte: die dänische Karikaturenaffäre. Flemming Rose, Redakteur bei der Aarhuser Lokalzeitung *Jyllands-Posten*, lud im Jahr 2005 42 dänische Karikaturisten dazu ein, den Propheten Mohammed so zu zeichnen, „wie sie ihn sich vorstellen". Die Affäre beschränkte sich zunächst auf das kleine Verkaufsgebiet der Lokalzeitung, die damals mit einer niedrigen Auflage von 150 000 erschien – einem Fünftel von David Lows *The Star.* Anlass der Einladung war das Gerücht, dass der Kinderbuchautor Kåre Bluitgen keinen Illustrator für sein Kinderbuch über den Propheten Mohammed gefunden hatte. Indem er Nicht-Muslime dazu einlud, Mohammeds Gesicht zu zeichnen, wollte Rose eine Auseinandersetzung mit dem anregen, was weithin als muslimisches Bilderverbot bekannt war, um das dänische Engagement für die Meinungsfreiheit zu bekräftigen.

Rose erhielt nur 15 Antworten. Von diesen stimmten 12 der Veröffentlichung ihrer Karikaturen in der Sonderausgabe *Muhammeds Ansigt* (Mohammeds Gesicht) vom 30. September 2005 zu. Die berühmteste Zeichnung, die bald zum Logo der Affäre werden sollte, stammte aus der Feder von Kurt Westergaard und zeigte Mohammed mit einer Bombe im Turban. Weniger bekannt ist die kritische Karikatur von Lars Refn (siehe Abbildung 11), in der ein Siebtklässler in einer Schule in einem migrantisch geprägten Viertel Kopenhagens vor einer Tafel steht, auf der in Farsi folgender Satz steht: „Die Journalisten vom *Jyllands-Posten* sind ein Haufen reaktionärer Provokateure."

David Lows „blasphemischer" Mohammed war ein Versehen gewesen. Er hatte nur den Erfolg des Cricketspielers feiern wollen, ohne dabei Christen vor den Kopf zu stoßen. Ein Journalist vom *Jyllands-Posten* dagegen beschrieb die Sonderausgabe zu Mohammeds Gesicht als „demokratische Elektroschocktherapie" für dänische Muslime. Flemming Rose erklärte, man müsse in demokratischen Gesellschaften „bereit sein, Beleidigungen, Witze und Spott zu ertragen". Der Chefredakteur Carsten Juste (der sich später entschuldigte), sagte ursprünglich, sie hätten die Karikaturen publiziert, um die „verrückten Mullahs" in die Schranken zu weisen, die „krankhaft empfindlich auf jede Kritik reagieren" und eine Stimme des „dunklen, gewalttätigen Mittelalters sind". (Da ist er wieder: der stigmatisierte Mensch aus dem „Mittelalter".)

11. Beitrag des Karikaturisten Lars Refn zur Sonderausgabe *Mohammeds Gesicht* des *Jyllands-Posten.* Refn wurde sowohl von religiösen Gruppen als auch von Aktivisten für die Meinungsfreiheit angegriffen. Letztere warfen ihm vor, Mohammeds Gesicht nicht gezeichnet zu haben.

Die Blasphemie kehrte also zurück, weil sie zum Maßstab der angeblichen Unvereinbarkeit zwischen dem Islam und dem demokratischen Westen geworden war. Die Blasphemie verschwand nicht aus Europa, Skandinavien und Nordamerika, weil sie gebraucht wurde, um die Unterscheidungen zwischen dem Islam und dem Westen zu reproduzieren, die durch Huntingtons These und die Affäre um die *Satanischen Verse* popularisiert worden waren. Im Jahr 1925, als Low seine Karikatur zeichnete, wäre niemand auf den Gedanken gekommen, dass „das Beleidigen religiöser Gruppen Teil des europäischen Wertekanons ist", wie Jytte Klausen es in ihrem Buch *The Cartoons that Shook the World* ausdrückt. Durch Blasphemien wurden religiöse Minderheiten auf die Probe gestellt. Nur diejenigen, die auch auf die provokantesten Darstellungen ihrer eigenen Religion nicht reagierten, bewiesen ihre Kompatibilität mit „dem Westen".

Die Messlatte lag also hoch. Denn jeder Gewalttäter – zum Beispiel Mohammed Bouyeri, ein Niederländer marokkanischer Abstammung, der den Filmemacher Theo van Gogh für seinen in Zusammenarbeit mit Aayan Hirsi Ali gedrehten Film *Submission* ermordete – wurde sofort zu einem Repräsentanten des Islam erklärt. In diesem Bewusstsein wollten viele Muslime sich der *Je Suis Charlie*-Kampagne nach dem Massaker in Paris nicht anschließen. Andere Muslime hatten (anders als Christen) das Bedürfnis, zum Ausdruck zu bringen, dass der Islam eine friedliche Religion ist. Auf einem handgeschriebenen Plakat auf der Place de la République stand: „Ich schwöre beim heiligen Koran, dass ein Muslim, der im Namen Allahs, gepriesen und erhaben ist er, tötet, auf ewig verdammt ist." Ein anderer sagte einfach: „Ich bin Muslim. Peace."

Auch wenn wir für sie heute dasselbe Wort verwenden wie in den 1980er-Jahren, hat sich die Bedeutung des Begriffes „Blasphemie" seitdem grundlegend verändert. Im Fokus stehen heute nicht mehr die Blasphemiker, sondern jene, die überempfindlich auf Blasphemien reagieren. Die Blasphemie hat heute normativen Charakter, was in den 1980er-Jahren noch nicht der Fall war. Früher waren die Außenseiter die Blasphemiker; heute sind die Außenseiter die überempfindlichen Blasphemiegegner.

Bis in die Mitte des 20. Jahrhunderts hinein war der typische Blasphemiker ein linker, sozialistischer oder anarchistischer Freidenker, der für das Recht der Arbeiterklasse kämpfte, religiöse und politische Autoritäten zu kritisieren. Häufig wurde der Kampf für die Meinungsfreiheit auch mit dem Kampf für die (relative) sexuelle Befreiung und die Empfängnisverhütung verbunden. Die ethnische Zugehörigkeit und der Multikulturalismus spielten kaum eine Rolle – wobei Abner Kneeland, der wegen Blasphemien im Zusammenhang mit Klasse, Sex *und ethnischer Zugehörigkeit* verfolgt wurde, eine interessante Ausnahme darstellt. Heute versteht sich der typische Blasphemiker meist als Verteidiger jahrhundertealter (?) europäischer und amerikanischer Werte gegen migrantische Communities, die keine Meinungs- und keine sexuelle Freiheit (deren Einschränkung heute oft eng mit dem Islam assoziiert wird) gewohnt sind. Wenn wir heute an Blasphemien denken, dann denken wir vor allem an Mohammedkarikaturen und brennende Korane.

Früher gehörte die Mehrheit der „Blasphemie"-Aktivisten der politischen Linken an. Heute findet man sie häufig auch auf der rechten Seite des politischen Spektrums. Persönlichkeiten wie Bat Ye'or, Geert Wilders, Thilo Sarrazin, Niall Ferguson und dessen Ehefrau Aayan Hirsi Ali verstehen ihren Kampf für die Meinungsfreiheit als einen Kampf gegen die angebliche Gefahr „Eurabiens": der islamischen Übernahme des Westens. In einigen Fällen haben die maximalen Provokationen das klare Ziel, mindestens einen „Muslim" zu einer gewalttätigen Antwort zu verleiten, die dann wiederum die gesellschaftlichen Stereotype über überempfindliche und intolerante Muslime bestätigt. Im Jahr 2008 drehte der niederländische Abgeordnete Geert Wilders einen Kurzfilm, in dem er behauptete, der Koran sei die *Ursache* von *fitnah* (ziviler Unruhe). Man kann sich kaum einen provokanteren Angriff auf die Grundsätze des Islam vorstellen. Der rechte Politiker Rasmus Paludan brachte in Dänemark eine beachtliche Blasphemie-Performance zustande: Er legte Bacon zwischen die Seiten eines Koran, warf ihn hoch und ließ ihn auf den Boden fallen, wo er ihn im „Samen christlicher Männer und Ungläubiger" wälzte, um ihn anschließend in Brand zu setzen.

Diese Aktionen scheinen nicht viel mit dem mutigen Kampf von Figuren wie Raif Badawi, Ashraf Fayadh und Mashal Khan gemein zu haben, die die politisch-religiösen Autoritäten Saudi-Arabiens und Pakistans im Namen der Freiheit offen kritisierten. Um zu verstehen, warum, müssen wir einige Gedanken aus früheren Kapiteln wieder aufgreifen: *parrhesía*, die tiefe historische Verknüpfung von Religion und Staat (Blasphemie als Majestätsbeleidigung) und die Blasphemie als ein Verbrechen gegen die gesellschaftliche Ordnung und Stabilität, egal ob damit *dharma* gemeint ist oder der „säkulare" öffentliche Frieden. In der Vergangenheit bezeichnete der Begriff „Blasphemie" meist Beleidigungen der Mehrheit durch eine Minderheit sowie Angriffe auf die eigenen politischen und religiösen Autoritäten. Heute scheint sich der Gedanke durchzusetzen, dass *wir*, die Mehrheit im eigenen Hause, gegen heilige Dinge blasphemieren sollten, die uns nie heilig waren und die keinerlei Bedeutung für uns haben, um *ihnen*, den Minderheiten, eine Lehre zu erteilen.

Doch irgendetwas stimmt nicht an diesem Narrativ, denn es übergeht nicht nur die Geschichte der Blasphemie im Christentum, sondern kann auch herablassend und kolonialistisch wirken. Eine meiner muslimischen Studentinnen drückte es einmal so aus: „Warum dürfen sie hässliche Bilder von Mohammed zeichnen, wo es mir doch verboten ist?" Das Zerrbild von überempfindlichen Juden und Muslimen (nicht Christen) hat seinen Ursprung in sehr alten christlichen Stereotypen und prägt auch heute noch den Kampf für die Religionsfreiheit. Am Ende steht das Christentum fast immer als die bessere, tolerantere Religion da – obwohl die Geschichte eine ganz andere Sprache spricht.

Kapitel 6 Blasphemie und Medien

Wurden Blasphemien früher noch *verurteilt*, so ist man heute der Meinung, dass die Freiheit zu blasphemieren freie Gesellschaften *definiert*; waren es früher linke revolutionäre und radikale Gruppen, die „blasphemischen" Aktivismus betrieben, so finden sich heute viele „Blasphemiker" auf der rechten Seite des politischen Spektrums. In diesem letzten Kapitel werden wir uns ansehen, wie die großen Medienrevolutionen die Blasphemie beeinflusst haben (und zwar häufig auf ganz andere Weise, als wir erwarten würden): erst Drucke, Holzstiche, Flugblätter und Zeitungen; dann die massive Medientransformation des 19. Jahrhunderts mit Telegraf, Radio, Fotografie, Film und Fernsehen; und zuletzt das Zeitalter der digitalen Technologien und sozialen Medien. Wir sind einigen dieser Entwicklungen in Kapitel 4 schon einmal begegnet, als wir uns mit den verschwurbelten Formulierungen befasst haben („kabellose oder andere Verbreitungsmethoden" und „mechanische Übertragung"), die in Blasphemiegesetze eingefügt wurden, um auf die neuen Medien zu reagieren, die die Struktur der „Öffentlichkeit" grundlegend verändert haben.

Beginnen wir mit Figuren, Gesichtern und Karikaturen.

Bis in die 1880er-Jahre war die Blasphemie ein verbales Phänomen: Es waren immer *Worte*, die verletzten. Nach den 1880er-Jahren gewannen visuelle Darstellungen der *Körper* und *Gesichter* von heiligen Figuren immer mehr an Bedeutung und damit ein neues Medium: die Karikatur. Die Blasphemie wird nicht erst seit der dänischen Karikaturenaffäre oder *Charlie Hebdo* mit Karikaturen in Verbindung gebracht. Ich möchte hier (zum ersten Mal) die Mohammedkarikaturen unserer Zeit mit den äußerst umstrittenen Bibelkarikaturen vergleichen, die George Foote in den 1880er-Jahren ins Gefängnis brachten. Eine seiner Karikaturen, „Moses Getting a Back View“ (Abbildung 7), haben wir bereits in den Kapiteln 3 und 5 kennengelernt.

Viele von Footes *Comic Bible Sketches* basieren auf den 410 Karikaturen des Ex-Jesuiten Léo Taxil, die dieser 1881 in Paris in seinem Buch *La Bible amusante* (Die lustige Bibel) veröffentlicht hatte – kurz nachdem das Verbrechen der „Verletzung der religiösen Moral“ mit einem neuen Gesetz für die Pressefreiheit abgeschafft worden war. In England und den Niederlanden, wo Bibelkarikaturen damals (rechtlich) noch als „blasphemisch“ galten, war Taxils Bibel verboten. Foote machte sich einen Spaß daraus, die illegalen Karikaturen über den Kanal zu schmuggeln. Die Verbreitung von Karikaturen hatte für ihn strategischen Charakter. Die „faulen Geister“, die „vor lauter Vorurteilen“ abgestumpft seien, könnten etwas lesen, ohne auch nur die geringste Gefühlsregung zu zeigen; dem unmittelbaren Schock des „bildlichen Spotts“ jedoch könne sich niemand so einfach entziehen, so Foote.

Foote hatte seine Freude daran, sich auszumalen, wie die Überempfindlichen, in diesem Fall also die „fromme und keusche britische Öffentlichkeit", auf seine Karikaturen reagieren würden. So erklärte er mit Bezug auf die stereotypisierten Figuren von Bumble (dem kleinlichen Bürokraten aus Dickens' *Oliver Twist)* und Mrs. Grundy (der personifizierten Hochnäsigkeit und konventionellen Anständigkeit): „Wir in England haben Komische Geschichten, Komische Geographien und Komische Grammatiken und erschaudern vor einer Komischen Bibel. Bumble würde eine solche Blasphemie fassungslos machen und Mrs. Grundy würde vor Schreck kreischen." In Footes Vorstellung verwandelte sich die Mehrheit der einfachen Briten, die „schreiend vor frommer Wut" vor den gewagten französischen Karikaturen davonlief, in eine kollektive Karikatur.

Tatsächlich aber mied Foote die anzüglicheren Karikaturen des französischen Originals, auf denen nackte Körper und Sex dargestellt waren. Auch im Vergleich zu manchen Mohammedkarikaturen der post-1980er-Jahre sind die *Comic Bible Sketches* extrem harmlos. Dass Gott in „Moses Getting a Back View" karierte Hosen trägt, erscheint im Vergleich zu den *Charlie Hebdo*-Karikaturen, in denen Mohammed seinen Hintern in die Kamera hält oder muslimische Frauen dazu ermahnt werden, „die Burka innen zu tragen", geradezu lächerlich zahm.

Die Bibelkarikaturen der 1880er spielten mit einem neuen „blasphemischen" Spezialeffekt: dem medialen Anachronismus. Sie ließen die neuen Medien und Technologien in die alten, biblischen Zeiten einbrechen. Da liest Adam im Garten Eden eine Zeitung mit dem Titel *The Universe.* Gottes Propheten sind (zu Recht!) schockiert, als jemand sie auf ihrem Telefon anruft, das in den 1880er-Jahren gerade erst erfunden worden war. Und Abraham hält bei der Opferung seines Sohnes kein Messer, sondern ein Gewehr in der Hand und erschießt aus Versehen Gott, als der Engel ihm die Waffe aus der Hand nehmen will. Mit ähnlichen Tricks spielt Salman Rushdie in den *Satanischen Versen*. Einer der zwei Protagonisten, Gibril Farishta, ist Muslim und spielt in populären indischen Filmen, den sogenannten Theologicals, Hindu-Götter. PK, das filmische Alien, das wir am Ende von Kapitel 3 kennengelernt haben, jagt in seinem Versuch, das Mysterium der irdischen Religionen zu verstehen, einen dieser „Götter" auf eine öffentliche Toilette. Rushdie spielt mit den „blasphemischen" Spezialeffekten des Kinos und macht aus Gibril einen vergötterten Prominenten, der „zwischen dem Sterblichen und dem Göttlichen" steht. Als die Plakate mit Gibrils göttlich-prominentem Antlitz zerreißen und verblassen, nachdem er Indien verlassen hat, um nach Großbritannien zu gehen, scherzt Rushdie, „Gott" habe mit Gibrils Abreise sein Gesicht verloren und sei gestorben.

In seinem posthum veröffentlichten *Brief an die Heuchler* schreibt der *Charlie Hebdo*-Karikaturist Charb: „Marx eine Clownsnase aufzusetzen ist in keiner Weise beleidigender oder skandalöser, als Mohammed eine Pappnase zu verpassen" – und vice versa. Diese Art von Argumentation ist erst seit Kurzem überhaupt vorstellbar. Es gibt bis heute keine Lizenz zum Karikieren der heiligen Figuren des Christentums und die höchsten und heiligsten politischen Persönlichkeiten, wie die Königsfamilie, genießen meist auch einen besonderen Schutz. Daher hat Charb mit Marx auch ein gutes Beispiel gewählt. In einem berühmten Blasphemiefall in Frankreich wurde Charles Philipon wegen „Beleidigung des Königs“ mit einer Geldstrafe belegt und eingesperrt, weil er im Jahr 1831 Zeichnungen von König Louis Philippe als Birnenkopf in der Zeitung *La Caricature* veröffentlicht hatte. Die britische Regierung nutzte subtilere Methoden, um die Royal Family vor beleidigenden Bildern zu schützen: Bestechungsgelder und Steuererhöhungen für die radikale Presse. Im heutigen Thailand werden vermeintliche Königsbeleidigungen mit längeren Haftstrafen geahndet als Blasphemien gegen Buddha (das gilt auch für mediale Beleidigungen, wie wenn auf einer Webseite das Foto irgendeines anderen Menschen über dem Foto des Königs platziert wird). Im selben Jahr der dänischen Karikaturenaffäre wurde ein Buch über die Thai-Monarchie mit dem Titel *The King Never Smiles* vom thailändischen Informations- und Kommunikationsministerium mit der Begründung verboten, dass seine „Inhalte … der nationalen Sicherheit und der guten Moral des Volkes schaden könnten“. Ramón Esono Ebalé in Äquatorialguinea, Atena Farghadan im Iran, Firas Bachi in Syrien und Zunar Zulkiflee Anwar Ulhaque in Malaysia sind nur einige von vielen mutigen Zeichner:innen, die heute wegen ihrer Karikaturen über politische Autoritäten hinter Gittern sitzen.

Holzschnitte aus der Reformationszeit mit Darstellungen von Eselpäpsten und Menschen, die dem Papst ins Gesicht furzen (Abbildung 9), sind so etwas wie die Vorläufer der modernen blasphemischen Karikatur über religiöse Figuren. Sie richteten sich jedoch gegen Päpste, Mönche und religiöse Autoritäten und nicht gegen heilige Figuren wie die Jungfrau Maria oder Jesus. Denn entstellende Darstellungen der schönen, heiligen Körper von Jesus und Maria waren damals fast undenkbar. (Der Historiker Justin Champion hat mich allerdings auf ein Gegenbeispiel aufmerksam gemacht, eine Art *Leben des Brian* des 17. Jahrhunderts: Wenzel Hollars *Satirische Passion* 1642–54). Bis ins späte 19. Jahrhundert hinein machte man sich vor allem mit Worten über Jesus lustig. In Kapitel 4 haben wir Thomas Woolstons Schilderungen kennengelernt, in denen Jesus wie ein zorniger Landarbeiter einen Feigenbaum verflucht, mit Stühlen um sich wirft und sich auf der Hochzeit zu Kana so sehr betrinkt, dass er seine eigene Mutter nicht wiedererkennt. Alle ausgezeichneten Sammlungen blasphemischer Kunst, wie Brent Plates *Blasphemy: Art that Offends* oder der Katalog der Ausstellung *Traces du sacré* (Spuren des Heiligen) im Pariser Centre Pompidou, zeigen, dass es im 19. und 20. Jahrhundert zu einer regelrechten Explosion „blasphemischer" Kunst kam. Taxil, Foote und andere Blasphemiker bereiteten mit ihren populären Karikaturen den Weg für die hohe Kunst, die in Werken wie Paul Gauguins *Selbstbildnis mit dem gelben Christus* (1890) oder Max Ernsts *Die Jungfrau züchtigt das Jesuskind vor drei Zeugen* (1926) einen ganz neuen Umgang mit der christlichen Tradition fand.

Die protestantisch-semiotische Ideologie: Körper und Ideen

In Kapitel 2 haben wir gesehen, dass „Blasphemiker" wie George Foote der Unterscheidung zwischen „echten Menschen" und bloßen „Ideen" den Weg bereiteten. Foote argumentierte als einer der Ersten, dass Blasphemien niemanden verletzen können, weil Götter und heilige Figuren nicht echt sind: Sie haben keine Körper; sie sind nur Bilder, Vorstellungen oder Ideen – oder, wie Foote es auch ausdrückte: „Geister" oder Spuren eines alten Glaubens. Dieses Argument wird bis heute häufig von Karikaturisten aufgegriffen, wie u. a. auch von Charb. Bemerkenswert ist, dass das Aufkommen dieser Unterscheidung genau in die Zeit fällt, in der Foote eine neue Form der Blasphemie prägte: die Entstellung und Verunstaltung heiliger Gesichter und Körper. Während Blasphemiker also zu argumentieren begannen, dass Blasphemien niemanden verletzen können, konzentrierten sie sich in ihren Zeichnungen gleichzeitig vermehrt auf heilige Gesichter und Körper – als wollten sie den Beweis gleich mitliefern.

Diese neuen, visuellen Blasphemien unterschieden sich stark von den althergebrachten, verbalen Blasphemieformen, die sich vor allem mit theoretischen und theologischen Fragen befassten. Wie wir in Kapitel 1 gesehen haben, stammt die zweite Hälfte des Wortes „Blasphemie" vom griechischen *phēmē* ab, das zwei Bedeutungen haben kann: 1. Rede und 2. Ruhm oder Ansehen (wie das lateinische *fama)*. Während es bei Blasphemien früher also meist um Wörter ging (Bedeutung 1), gewannen visuelle Blasphemien, bei denen heilige Figuren durch entstellende Darstellungen ihrer Körper und Gesichter erniedrigt wurden (Bedeutung 2), immer mehr an Bedeutung.

Die Verteidiger europäischer und nordamerikanischer Mohammedkarikaturen argumentieren häufig, es handele sich doch nur um Bilder. Sie treffen also eine klare Unterscheidung zwischen einer Abbildung und dem echten Ding. Der Anthropologe Webb Keane hat diese strenge Unterscheidung zwischen Ideen, Bildern oder Zeichen und echten Dingen als

„protestantisch-semiotische Ideologie" bezeichnet. In der protestantischen Tradition sind das Brot und der Wein nicht der wahre Körper und das Blut Christi. Sie sind nur Zeichen, Repräsentationen. Die Verbindung zwischen dem echten Ding und dem Zeichen (bzw. dem Bild oder der Idee) ist unterbrochen: da ist eine Lücke.

Doch diese Trennung ist nicht so eindeutig, wie es zunächst scheint. Saba Mahmood hat gezeigt, dass diese protestantisch-semiotische Ideologie keinesfalls auf alle Kulturen angewendet werden kann, als gäbe es überall auf der Welt nur Protestanten oder Christen. Der Kunsttheoretiker W. J. T. Mitchell und die Kulturwissenschaftlerin Sigrid Weigel haben die wichtige Beobachtung gemacht, dass die Unterscheidung zwischen Ideen/Bildern und dem echten Ding auch in protestantischen und post-protestantischen Ländern keinesfalls konsistent ist. Viel eher hat man dort eine *Doppelbeziehung* zu Bildern und Vorstellungen: Bilder sind etwas Nichtiges, nicht Echtes – und haben *gleichzeitig* übersinnliche und sogar magische Kräfte.

Im Zeitalter des Selfies, in dem viele junge Leute und Prominente ständig mit ihrem öffentlichen Erscheinungsbild beschäftigt sind, sollte uns die Vorstellung, dass die Verunstaltung eines Bildes einen echten Menschen verletzen könnte, eigentlich gar nicht so fremd sein. Immer wenn seine Student:innen behaupten, dass „Bilder doch nur Bilder sind", bittet W. J. T. Mitchell sie, Löcher in die Augen eines Fotos ihrer Mutter zu schneiden – und beweist ihnen so das Gegenteil.

Sigrid Weigel hat gezeigt, dass moderne blasphemische Karikaturen, die eine Person erniedrigen oder entehren, indem sie ihr Gesicht entstellen, auf eine lange Tradition zurückblicken können. Das römische Alexamenos-Graffito (ca.

200 n. Chr.) wiederholt die erniedrigende Kreuzigungsszene in Form einer Karikatur. In der römischen Tradition der *damnatio memoriae* wurden die Gesichter unliebsamer Figuren aus Bildern gelöscht – und zwar keinesfalls, wie es bei Mohammeddarstellungen manchmal der Fall ist, aus Respekt (siehe Abbildung 12).

In der italienischen und deutschen Tradition der *Schandbilder* (auch als *pittura infamante* bekannt) aus dem 15. und 17. Jahrhundert wurden Schuldner und Vertragsbrüchige

12. Erniedrigung: das Gesicht eines der beiden Söhne wurde aus dem Septimius-Severus-Tondo gelöscht (ca. 199 n. Chr.).

kopfüber aufgehängt, vom Teufel ausgepeitscht oder zerstückelt – allerdings nicht in echt, sondern nur auf dem Papier (Abbildung 13). Wer sich der schlechten Rede schuldig machte, bekam eine Schandmaske und wurde so selbst zu einer wandelnden Karikatur (Abbildung 14). Diese alten Formen der öffentlichen Erniedrigung und der sozialen Folter sind, wie die Holzschnitte der Reformation und Gegenreformation, frühe Prototypen der modernen „blasphemischen" Karikatur.

13. Jemand wird kopfüber aufgehängt und von einem Teufel ausgepeitscht: deutsches Schandbild, ca. 1460.

14. Schandmaske.

Blasphemiker wurden auffallend häufig an ihren Körpern und Gesichtern bestraft. Wenn die Menschen durch die Straßen gepeitscht und an den Pranger gestellt wurden, dann wurde aus der physischen Folter ein öffentliches Spektakel der Erniedrigung. Der Quäker James Nayler wurde, nachdem seine Stirn mit einem „B“ gebrandmarkt worden war, zu einer lebendigen Karikatur. Blasphemiker sollten – real oder auf dem Papier – ihr Gesicht verlieren. Eine passende Strafe für ein Verbrechen, bei dem es fast immer um die Verletzung von *fama* geht: um Rufschädigung und Entehrung. Auge um Auge. Gesicht um Gesicht.

Die meisten Blasphemiekontroversen, bei denen es um Karikaturen und Bilder geht, senden eine zweideutige Botschaft: Bilder sind nichts *und* Bilder haben große Macht und können Menschen Schmerzen zufügen. Verteidiger der Mohammed-Sonderausgabe des *Jyllands-Posten* argumentierten häufig, dass die Entstellung eines Bildes von Mohammed keinem echten Mohammed Schaden zufüge, weil es sich nun mal nur um eine Karikatur handele. Doch ein Journalist vom *Jyllands-Posten* bezeichnete die Karikaturen auch als „demokratische Elektroschocktherapie". Das Wort *Elektroschocktherapie* zeugt davon, dass dem Körper der muslimischen Gemeinschaft in seiner Vorstellung echter Schmerz zugefügt worden war. Eine Elektroschocktherapie klingt nicht nach etwas, das man wie eine Hydrotherapie oder eine Warmsteinmassage freiwillig über sich ergehen lassen möchte.

Nach dem Massaker bei *Charlie Hebdo* wurden Zeitungen und soziale Medien von zahllosen Karikaturen überschwemmt, die die Macht der Stifte zelebrierten. In einigen wurden die Füller als das Gegenteil von Waffen dargestellt (Abbildung 15). In anderen waren die Stifte die überlegenen Waffen, wie zum Beispiel in der Karikatur einer rambohaften *Charlie Hebdo*-Figur, die an ihren muskulösen Armen mit waffenähnlichen Stiften ausgestattet ist (Abbildung 16). Stifte sind Waffen – und sie sind es nicht. Diese Widersprüchlichkeit steckt auch in einem alten Sprichwort, das mindestens bis in die Zeit der Bibel zurückverfolgt werden kann: „Das

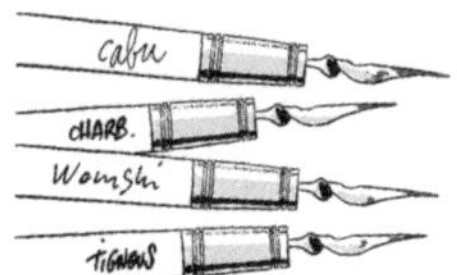

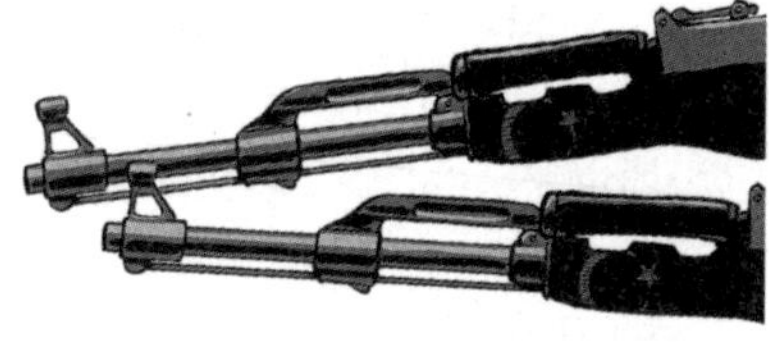

15. Ixène, „Asymmetrischer Krieg“: Stifte gegen Waffen. Eine der vielen Karikaturen in Reaktion auf das Charlie Hebdo-Attentat im Januar 2015.

Wort ist mächtiger (oder schärfer) als das Schwert.“ Dieser Spruch kann auf zweierlei Weisen verstanden werden: „Der Stift ist mächtiger, weil er friedlich ist und *niemanden verletzt*“ oder „Der Stift ist die *stärkere* Waffe, weil er *mehr verletzen*

16. „Wir sind alle Charlie Hebdo und wir werden unsere Waffen niemals niederlegen.“ Kash, Kinshasa, Cartooning for Peace.

kann". Beide Ideen werden in Blasphemiekontroversen regelmäßig aufgegriffen. In seinem verbalen Gegenschlag gegen den Bischof, der ihn unbedingt hinter Gittern sehen wollte, scherzte Thomas Woolston: „Ich werde mich vor den schrecklichen Hieben [Ihres] Stiftes verstecken." (Oder: „Stöcke und Steine mögen meine Knochen brechen, Stifte können mir nichts anhaben." Oder auch: „Herr Bischof, Sie haben einen

winzig kleinen Stift.") Die Ahmadiyya-Muslime, die sich friedlich gegen David Lows versehentliche Mohammedkarikatur wehrten, bezeichneten ihren Protest als friedlichen *jihad* (Kampf), der nicht mit dem Schwert, sondern „mit dem Stift" ausgetragen wurde.

Bildschirme und Schaufenster

Wir haben in diesem Buch diskutiert, warum die Blasphemiekontroversen und -prozesse in der Moderne nicht abgenommen haben, wie häufig vermutet wird, sondern eher zugenommen und sich verschärft haben. Wir haben uns einige Ursachen dieser Entwicklung angesehen, insbesondere die neue Blasphemiegesetzgebung und die Auswirkungen des religiösen Pluralismus. Auch die neuen Medien haben zur Zunahme und Verschärfung von Blasphemiefällen beigetragen, indem sie neue Plattformen zur Veröffentlichung und Verbreitung von Blasphemien schaffen, öffentliche Schmerzbekundungen und die Bildung von empörten Online-Communities ermöglichen, einen Raum für öffentliche Solidaritätsbekundungen mit „Blasphemien" und „Blasphemikern" schaffen, das Taggen bestimmter Kunstwerke und Filme als *#Blasphemie* ermöglichen, mit ihren Messenger-Apps schnellere und grö-

ßere Massenproteste katalysieren und *Schlagzeilen* verbreiten. Neue Medien ermöglichen neue Formen von Blasphemie (wie das Video des russischen Youtubers Ruslan Sokolowski, auf dem er in einer Kirche Pokémon spielt); sie ermöglichen aber auch neue Technologien zur Löschung unliebsamer, „blasphemischer" Gesichter (in einem Youtube-Film wird das Gedicht *The Love that Dares to Speak its Name*, das wir in Kapitel 1 kennengelernt haben, von einer Roboterstimme vorgelesen –
so ist niemand dafür verantwortlich) sowie neue Formen der Überwachung und der Zensur durch Institutionen wie dem Indischen Ministerium für Kommunikations- und Informationstechnologie, das mit Unterstützung von Algorithmen und Big Data wie ein allwissender Gott agieren kann.

Einige Medien sind von sich aus viel angreifbarer als andere. Um ein einzigartiges *Kunstwerk* als „blasphemisch" zu kennzeichnen, braucht es nicht mehr als etwas Farbe oder einen Hammer. Andreas Serranos *Piss Christ* wurde in Avignon an einem Palmsonntag mit Hämmern angegriffen. Chris Ofilis *The Holy Virgin Mary* wurde mit weißer Farbe beschmiert. Galerien können entscheiden, ein blasphemisches Kunstwerk zu entfernen oder gar nicht erst auszustellen, selbst wenn nur die Sorge besteht, dass es in der Zukunft jemanden beleidigen *könnte*. Vor Theatern können Protestcamps errichtet werden, wie im Fall von *Jerry Springer: The Opera, Behzti* oder dem Stück *Golgota Picnic* in Toulouse und Paris. „Blasphemische" Theaterstücke und Musicals können einfach abgesetzt werden.

Das Kino ist eine streng regulierte und daher besonders angreifbare Kunstform. Filmkomitees können die Ausstrahlung eines Filmes verbieten. Monty Pythons *Das Leben des Brian* wurde vor Gericht zwar nie wegen Blasphemie verurteilt, doch EMI Films zog nur Tage vor Produktionsbeginn seine Finanzierung zurück, sodass der Film ohne George Harrison (von den Beatles), der in letzter Minute einsprang und die Finanzierung des Films sicherstellte, nie gedreht worden wäre. In 39 Städten und Gemeinden Großbritanniens wurde der Film verboten oder nur für ein Publikum ab 18 Jahren erlaubt und somit in seiner Verbreitung stark eingeschränkt.

Das Verweigern von Dreh- oder Ausstrahlungserlaubnissen wurde zu einem äußerst effektiven, para-legalen Mittel zur Bekämpfung von „blasphemischen" Filmen wie Nigel Wingroves *Vision of Ecstasy* oder Werner Schröters *Liebeskonzil*. Im Frankreich der 1960er-Jahre wurde Jacques Rivettes Film *La Religieuse* (Die Nonne, basierend auf Denis Diderots gleichnamigem Roman) von der Zensurbehörde zwar genehmigt, vom Informationsministerium aber in Reaktion auf eine Kampagne der katholischen Kirche wieder verboten. Rivettes Film ist eine von vielen „Blasphemien", die nie fertiggestellt wurden.

Wenn wir uns einmal frühe religiöse Kinofilme ansehen, dann wird die Vorstellung, dass die Blasphemie im Laufe der Zeit immer mehr gesellschaftliche Akzeptanz erfahren hat, (einmal mehr) widerlegt. Im Film *La tentation de Saint Antoine* (Die Versuchung des heiligen Antonius) aus dem Jahr 1898 sieht der heilige Antonius eine splitternackte Frau. In Cecil B. DeMilles *The Sign of the Cross* (1932) nimmt die Protagonistin Claudette Colbert ein anzügliches Milchbad und eine nackte Märtyrerin trifft (aus unerklärlichen Gründen) auf einen lüsternen Gorilla (siehe Abbildung 17).

Solche sexy-religiösen Szenen fanden mit vielen gut gemeinten Ratschlägen hinter vorgehaltener Hand (Lieber nicht!

Sei vorsichtig!) und später mit den Motion Picture Production Codes der 1920er- und 1930er-Jahre, die Hollywoods schäbiges Image aufpolieren sollten, ein jähes Ende. Diese neuen Codes zielten auf das ab, was schon immer mit „Blasphemien" in Verbindung gebracht worden war: Nacktheit und Sex

17. Die nackte Märtyrerin und der lüsterne Gorilla in Cecil B. DeMilles The Sign of the Cross (1932).

(inklusive „sexuelle[r] Beziehungen zwischen der weißen und schwarzen Rasse"), Witze über den Klerus, schlechte Verwendungen von Wörtern wie „Gott", „Herr", „Jesus", „Christus", „Hölle" und „Verdammt" sowie aufwieglerische Inhalte und respektlose Darstellungen der Nationalflagge.

Es ist sehr aufschlussreich, sich einige der Beispiele in diesem Buch noch einmal aus medientheoretischer Perspektive anzusehen. Die überraschend unumstrittenen Affen-Eucharistien und phalluspflückenden Nonnen an den Seitenrändern mittelalterlicher Manuskripte wurden nur deshalb von niemandem bemerkt, weil sie einmalige Kritzeleien waren, die per Hand für einen einzigen Kunden gezeichnet wurden. Die meisten Darstellungen von Mohammeds Gesicht und Körper stammen aus illustrierten Manuskripten, die für einen privaten, elitären Leserkreis vorgesehen waren. Die Holzschnitte der Reformation dagegen, auf denen Protestanten dem Papst ins Gesicht furzen und der Papst als Esel dargestellt wird, waren Teil einer organisierten Printmedienkampagne. Die Erfindung der Druckerpresse und das Zeitalter der mechanischen Reproduzierbarkeit veränderten den Charakter der Blasphemieverfolgung. Im 18. und 19. Jahrhundert erschienen die meisten „Blasphemien" in Printform: als billige Flugblätter, Bücher und (insbesondere) Zeitungen wie Abner Kneelands *Boston Inquirer,* George Footes *The Freethinker* oder John Gotts *Truthseeker*, die genau deshalb so umstritten waren, weil sie, wie George Foote sagte, zum „Volkspreis" unter die Leute gebracht wurden. Wir können uns also sicher sein, dass Blasphemiker wie Richard Carlile, William Hone oder Abner Kneeland das Internet für sich zu nutzen gewusst hätten, wenn sie heute am Leben wären!

Vor dem Zeitalter der Bildschirme nutzten viele Blasphemieaktivisten deren Äquivalent des 18. und 19. Jahrhunderts: Schaufenster. Richard Carlile stellte zwei „blasphemische" Puppen in das Schaufenster seines Ladens in der Londoner Fleet Street, die einen Bischof und einen Teufel in trauter Umarmung darstellten und große Menschenmassen anlockten. Der Edinburgher Buchhändler Thomas Paterson wurde 1844 verurteilt, weil er im Schaufenster seiner Bücherei blasphemische Plakate aufgehängt hatte. Der letzte in den USA verurteilte Blasphemiker war der Atheist und Aktivist Charles Lee Smith, der einen Laden in Little Rock, Arkansas, angemietet und ein Plakat mit folgender Aufschrift ins Schaufenster gehängt hatte: „Die Evolution gibt es wirklich. Die Bibel ist eine Lüge. Gott ist ein Geist." (Weil Lee, als Atheist, vor Gericht nicht den erforderten religiösen Eid ablegen konnte, durfte er nicht zu seiner eigenen Verteidigung aussagen.) Im Jahr 1971 wurde in Pennsylvania zwei Buchhändlern wegen Blasphemie der Prozess gemacht, weil sie im Schaufenster ihrer Bücherei ein altes politisches Fahndungsposter aus dem Jahr 1917 aufgehängt hatten, auf dem stand: „Jesus Christus – Gesucht wegen Volksverhetzung, krimineller Anarchie, Landstreicherei und Verschwörung zum Umsturz der Regierung … Treibt sich mit einfachen Arbeitern, Arbeitslosen und Obdachlosen herum. Ein Fremder, angeblich Jude."

Blasphemien verbreiten

Durch die Medienrevolutionen seit den 1880er-Jahren haben sich die Möglichkeiten der Herstellung, Verbreitung, Kontrolle und Verfolgung von „Blasphemien" stark vergrößert.

Die Nachricht von David Lows Mohammedkarikatur (siehe Kapitel 5) wurde 1925 per Telegraf nach Indien verbreitet. Die Fatwa gegen Rushdie wurde im iranischen Radio verkündet, dann von der britischen Botschaft im Iran ins Vereinigte Königreich gefaxt – gerade rechtzeitig um den geschockten Salman Rushdie bei den BBC Mittagsnachrichten noch mit dieser Nachricht zu konfrontieren. Die Lautsprecher einer

lokalen Moschee und ein Interview mit einem örtlichen Polizisten auf CNN wurden genutzt, um Berichte über Asia Bibis „Blasphemien" in Pakistan zu verbreiten. Als der französische Grafiker Joachim Roncin den berühmten Hashtag *#JeSuisCharlie* tweetete, rief er damit das am häufigsten retweetete Meme in der Geschichte Twitters ins Leben. 2016 sagte Roncin in einem Interview mit der BBC, das Meme sei so beliebt gewesen, „weil wir uns als Teil einer Gemeinschaft fühlen wollten".

Es stimmt allerdings nicht, dass Blasphemien durch neue Medien wie das Fernsehen oder das Internet automatisch, innerhalb von Nanosekunden und mit einem einzigen Mausklick verbreitet werden können. Britische Muslime, die sich von den *Satanischen Versen* beleidigt fühlten und vor Gerichten Anklage erheben wollten, scheiterten, weil das britische Recht nur „Blasphemien" gegen das anglikanische Christentum kannte. Sie scheiterten zu Beginn auch mit ihren Versuchen, öffentliche Aufmerksamkeit auf sich zu ziehen. Am 2. Dezember 1988 verbrannte eine kleine Gruppe von Muslimen im britischen Bolton ein Exemplar der *Satanischen Verse*. Die Medien berichteten nicht und niemand bekam etwas mit. Am 14. Januar 1989 sollte ein weiteres Buch verbrannt werden, nur wurden dieses Mal die überregionalen Medien informiert. Auf Videomitschnitten dieser Buchverbrennung ist der Journalist zu sehen, der um 14 Uhr eine Deadline hat und fragt: „Könnt ihr es schon früher verbrennen?" Die Buchverbrenner stimmten zu. Beim zweiten Mal wurde die Buchverbrennung also gefilmt und verschiedenen Medien zugespielt. Die britisch-muslimische Community hatte also, in den Worten Kenan Maliks, „die Lehren Marshall McLuhans [des berühmten Medientheoretikers] genauso zu schätzen gelernt wie die Lehren des Propheten Mohammeds".

Die dänische Karikaturenaffäre war zu Beginn ein örtlich begrenzter Konflikt zwischen der kleinen Aarhuser Zeitung *Jyllands-Posten* und lokalen muslimischen Geistlichen. Der Zeichner Art Spiegelman fand ein passendes Bild für das Ausufern der „Affäre", als er sagte, dass die lokalen Karikaturen „zu einem Sturm internationaler Proteste *metastasierten*" (meine Hervorhebung). Metastasen wachsen meist langsam. Die Karikaturen wurden am 30. September 2005 veröffentlicht. Im Februar 2006 waren die Karikaturen als Resultat einer abgesprochenen Medienkampagne in 143 Zeitungen und 56 Ländern abgedruckt worden und hatten über das Fernsehen, Blogs und schwarze Bretter in Moscheen unzählige Menschen erreicht. Europäische und skandinavische Zeitungen, darunter auch *Charlie Hebdo*, veröffentlichten die Karikaturen, während nordamerikanische und britische Medien sie eher selten oder nur in verpixelter Form abdruckten.

Die „Affäre" wurde weiter angefacht, als dänische Imame ein Dossier nach Ägypten brachten, das neben den ursprünglichen Karikaturen drei zusätzliche Abbildungen aufführte. Es handelte sich dabei um das stümperhaft manipulierte Bild eines Hundes auf dem Rücken eines betenden Muslims; die plumpe Zeichnung eines Propheten, der zwei kleine, puppenhafte Frauen in je einer Hand hält, mit der Unterschrift „Der pädophile Prophet“; und um das unscharfe Foto eines Mannes mit Schweineohren und -schnauze, das, wie sich später herausstellte, bei einem französischen Quiekwettbewerb aufgenommen und in dem Bericht aber mit der Unterschrift „Das wahre Bild Mohammeds“ versehen worden war. Selbst die BBC, die die Balance zwischen der Meinungsfreiheit und religiösen Empfindlichkeiten zu halten versuchte, indem sie nur „responsible glimpses“ ausstrahlte, zeigte das Bild mit der Schweineschnauze, als wäre es Teil der ursprünglichen Karikaturen.

Die Berichterstattung über die Affäre folgte dem journalistischen Credo: „Blut und Tote steigern die Quote.“ Über friedliche Demonstrationen wurde genauso wenig berichtet wie über den Brief der ägyptischen Regierung an den dänischen Premierminister: „Sie haben mit Recht betont, dass Terroristen den Islam nicht für ihre Verbrechen missbrauchen dürfen. Ebenso wenig sollte es der dänischen Presse und öffentlichen Personen in Dänemark erlaubt sein, den Islam im Namen der Demokratie, der Meinungsfreiheit und der Menschenrechte – Werte, die wir alle teilen – zu missbrauchen.“ Die Medien schalteten sich erst in die Affäre ein, als der iranische Präsident Mahmud Ahmadineschād den Konflikt zu einem „Wettrüsten“ der Karikaturen eskalieren ließ und einen Karikaturenwettbewerb über den Holocaust ausrief, und als bei den Protesten dänische und nordamerikanische Nationalflaggen, jene heiligen Stoffstücke und Symbole des Nationalstaats, verbrannt wurden. Obwohl die nordamerikanischen Medien die Karikaturen nur selten gezeigt hatten, stand die US-Flagge für die Protestierenden exemplarisch für den blasphemischen

Westen. Massendemonstrationen gegen die Karikaturen waren mit die ersten Demonstrationen, die über Mobiltelefone organisiert wurden. In Lahore, Beirut und Damaskus kamen dabei 248 Menschen ums Leben.

Die „Affäre“ brach nur fünf Monate nach dem erstmaligen Erscheinen der Karikaturen aus. In einem Fall nahm die Selbstjustiz eine besonders zeitgenössische Form des Medienprotests an: die einer Cyberattacke. Im Februar 2006 rechtfertigte der Hacker Darkblood seinen Angriff auf dänische Webseiten mit folgenden Worten: „Ich sah und las schreckliche Nachrichten und Karikaturen im *Jyllands-Posten* vom 29. September 2005.“ Die Karikaturen waren allerdings erst am 30. September veröffentlicht worden. Darkblood hatte sie sich online angesehen, wo sie einen Tag früher erschienen waren. Wie Lord Hamilton, der die Geschworenen dazu aufgefordert hatte, sich ihre allererste Reaktion auf James Kirkups Gedicht in Erinnerung zu rufen (siehe Kapitel 4), bezog auch Darkblood sich auf den Schock seiner ersten Begegnung mit den Karikaturen.

Jytte Klausen hat folgende Beobachtung gemacht: „Die Karikaturen bekamen ein eigenes Leben. Sie wurden zu Avataren.“ Das Wort „Avatar“ trifft es perfekt. Es leitet sich von dem Sanskrit-Wort für die Inkarnation eines Gottes oder einer Seele ab und bezeichnet eine Online-Persona, die eine Gemeinschaft oder ein Individuum digital verkörpert. Die Mohammedkarikaturen wurden zu Avataren für die muslimische Community, für Pro-Blasphemie-Gruppen im Kampf für die Meinungsfreiheit und für die Medien. Klausen drückt es so aus: „Stories generierten Stories, während die globalen Medien über *sich selbst* zu berichten begannen.“

Blasphemie und Algorithmen

Im späten 19. Jahrhundert konnten George Foote und Léo Taxil sich sicher sein, dass ihre Leserschaft die Bibel und die christliche Tradition sehr gut kennen würde. Die 401 Karikaturen in Taxils Bibel spielen mit vielen Bibelgeschichten, die heute kaum noch bekannt sind (u. a. auch mit der Geschichte von Nabots Weinberg, die wir in Kapitel 2 kennengelernt haben). Heutige Blasphemien dagegen wiederholen immer wieder die immergleichen, leicht wiedererkennbaren Motive: Mohammedkarikaturen, verbrannte oder zerstörte Korane, schwule oder transsexuelle religiöse Figuren und gekreuzigte Tiere. Solche Blasphemiememes mit hohem Wiedererkennungswert zeugen von einem Rückgang des Allgemeinwissens über die christliche Tradition und davon, dass Blasphemien sich immer häufiger gegen andere Religionen richten, über die man wenig weiß und gegen die man daher die immergleichen, auch für Außenstehende wiedererkennbaren Motive in Anschlag bringen muss. Sie sind aber auch auf die sogenannte „8-Sekunden-Aufmerksamkeitsspanne" und die allgemeine Beschleunigung durch moderne Informationstechnologien zurückzuführen: Blasphemien müssen heute eingängig sein wie ein griffiger Tweet oder das Logo einer bekannten Marke.

„Blasphemiker", die von Gerichten, öffentlichen Protesten oder Theater- oder Museumskomitees der Blasphemie bezichtigt wurden, beschweren sich häufig, dass ihre Werke auf simple Memes reduziert oder durch den Sensationshunger der Medien verzerrt dargestellt werden. Der Komiker Stewart Lee wunderte sich, dass die angebliche Blasphemie seines Musicals *Jerry Springer: The Opera* auf eine einzige Zeile reduziert wur-

de: „Der schwule Jesus trägt eine Windel." Dieser Satz wurde überall in den Medien wiederholt, obwohl Jesus in dem Musical nie eine Windel trägt. Martin Kippenbergers gekreuzigter Frosch wurde erst „blasphemisch", als der Politiker Franz Pahl aus Protest öffentlichkeitswirksam in den Hungerstreik trat (siehe Kapitel 1). Die Direktorin des Bozener Museion (die sich später geschlagen geben musste und gefeuert wurde) entfernte die umstrittene Amphibie zunächst nicht aus der Aus-
stellung, sondern ließ sie hinter einem Vorhang aus Zeitungsausschnitten aus aller Welt verhüllen: als Zeichen des Protests gegen die Tatsache, dass die eigentliche Ausstellung durch das Medienereignis „Blasphemie" vollkommen überschattet worden war.

Blasphemien werden heute auch gezielt *zu Werbezwecken* eingesetzt. Dass eine Prise Blasphemie mehr Aufmerksamkeit generiert, ist nichts Neues. Schon die alten biblischen Propheten nutzten Beleidigungen, um sich die Aufmerksamkeit ihres Publikums zu sichern, und berichteten beispielsweise mit grotesken Worten von betrunkenen Priestern oder bezeichneten ihre (männlichen) Zuhörer als Prostituierte oder geile Eselinnen. Sowohl Footes *Freethinker* als auch Gotts *Truthseeker* warben mit dem Satz „prosecuted for blasphemy", um eine sensationalistische Aura zu erzeugen und die Verkäufe anzukurbeln. Doch Blasphemiker wie Gott und Foote kämpften für große Ideen: für das Recht, säkular zu sein, oder, wie Gott es nannte, für „die geistige Freiheit und den sozialen Fortschritt". Sie waren die Art von Blasphemikern, die alte, heilige Dinge absichtlich zerstörten, um Raum für neue heilige Werte und Rechte, wie das universelle Wahlrecht, Anti-Kriegs-Proteste und die Empfängnisverhütung zu schaffen.

In dem, was ich heute als eine Kultur der *Hashtagblasphemie* bezeichnen möchte, ist die Blasphemie dagegen nicht mehr als eine Masche von Prominenten, die nicht in Vergessenheit geraten wollen. Als die Sängerin Nikki Minaj vor einer Buddhastatue im Bikini posierte (und dabei absichtlich das beleidigende Verhalten nichtsahnender Touristinnen wiederholte, die in Sri Lankas heiligen Stätten im Bikini herumgelaufen oder sich beim Küssen von Buddhastatuen fotografiert hatten), kämpfte sie damit weder für ihr säkulares Recht, sich über Buddha lustig zu machen, noch wollte sie die Buddhisten einer „demokratischen Elektroschocktherapie" unterziehen, um ihnen eine Lehre in Blasphemietoleranz zu erteilen. Sie handelte auch nicht aus Protest gegen die Unterdrückung der weiblichen Sexualität durch patriarchale Religionen, wie die Femen-Aktivistin Inna Schewtschenko, die in Kiew ein großes Kreuz mit einer Kettensäge absägte und anschließend aufgrund von Todesdrohung in Frankreich Asyl ersuchen musste. Nikki Minaj versuchte lediglich, in einer übersättigten digitalen Öffentlichkeit „Clickbaits" und „Likes" zu generieren. Das Gleiche gilt für ein umstrittenes Werbeplakat von Benetton aus dem Jahr 2011, auf dem ein Papst einen Imam küsst. Im Jahr 2019 brachte das spanische Studio The Game Kitchen ein neues Computerspiel namens *Blasphemous* heraus, dessen Design von der Ästhetik der katholischen Gotik inspiriert ist. Es ist egal, was das Wort „Blasphemie" bedeutet, solange es auf der affektiven Ebene der Gefühle seine Wirkung tut: blasphemy sells.

Diese neuen Blasphemien haben kaum noch etwas mit George Grosz' *Christus am Kreuz mit Gasmaske,* Pasolinis *La Ricotta* oder Ashraf Fayadhs Poesie zu tun. Mit ihnen scheinen sich G. K. Chestertons und T. S. Eliots düstere Prophezeiungen über den neuen Gott der Ökonomie und den „ökonomischen Determinismus“ zu bewahrheiten, der alle „philosophischen Überzeugungen“ ersetzt (siehe Kapitel 2). Eine Blasphemie kann heute ein bedeutungsloses Promifoto bezeichnen oder den mutigen Kampf für die Meinungs- und religiöse Freiheit. Sie kann absolut trivial sein – oder eine „große Vision“ haben und „nach den Sternen greifen“.

Um mit dystopischen Aussichten abzuschließen: Wir stehen heute am Anfang einer neuen Ära der Geschichte, in der „Blasphemien“ und Beleidigungen automatisch von Maschinen generiert werden. Gamer, Influencer und „Trolle“ wie Felix Arvid Ulf Kjelberg (unter seinen 100 Millionen Followern besser bekannt als PewDiePie) nutzen beleidigende und tabuisierte Themen absichtlich, um die Zahl ihrer Follower und dadurch auch ihre Gewinne zu steigern. Die für maximale Nutzerbindung optimierten Algorithmen von Google und Facebook wurden programmiert, um Konflikte zu befeuern, weil Studien belegen, dass Kontroversen die Mediennutzer viel länger bei der Stange halten als konstruktive Debatten. Algorithmen haben zu schockierenden Gegenreaktionen gegen Bewegungen wie #MeToo und Black Lives Matter geführt, weil sie deren Inhalte nicht den Befürwortern, sondern den Gegnern dieser Bewegungen zuspielten, die sich durch diese Inhalte angestachelt fühlten und daher mehr Zeit vor dem Bildschirm verbringen würden. Heute schafft der „ökonomische Determinismus“ die Blasphemie nicht ab, wie T. S. Eliot und G. K. Chesterton befürchteten, sondern er produziert sie.

Wir brauchen heute mehr denn je einen differenzierten Umgang mit Blasphemien – denn ein „Blasphemiker“ kann heute ebenso gut ein Algorithmus im unregulierten Internet sein wie ein mutiger Aktivist, der für die Meinungs- und Religionsfreiheit sein Leben aufs Spiel setzt.

Abb. 1 Öffentliche Folter und Erniedrigung James Naylers. National Portrait Gallery, London

Abb. 2 Steinabreibung eines griechischen Ritzgraffitos in Rom, ca. 200 n. Chr. Palatin Museum. (Rodolfo Lanciani/Wikipedia: *Ancient Rome in the Light of Recent Discoveries*. Boston/New York: Houghton, Mifflin and Company 1888)

Abb. 3 Blasphemie gegen den König: König Louis Philippes Gesicht verwandelt sich in eine Birne. Zeitschrift *La Caricature* 1831. Bibliothèque nationale de France

Abb. 4 Die „blasphemische" Performance von Pussy Riot in der Moskauer Christ-Erlöser-Kathedrale am 21. Februar 2012.

Abb. 5 Nabots Weinberg 2010: Die Wasserpumpe in Ittanwali (Dorf Nummer drei), Punjab, im Zentrum der Asia Bibi-Kontroverse. BBC Photo Library

Abb. 6 Adam und Eva ohne ihre wohlplatzierten Feigenblätter auf dem Deckblatt von Richard Carliles Every Woman's Book; or, What is Love? (1826).

Abb. 7 „Moses Getting a Back View“ aus der Weihnachtsausgabe des *Freethinker*, 1882

Abb. 8 Mohammed kniet mit verschleiertem Gesicht vor Gott, dargestellt als goldene Flamme. (Jamis *Yūsof-o Zoleiḫā* (Josef und Suleika bzw. Josef und die Frau des Potifar), Qazvin oder Shiraz, Iran, 1570–1. Istanbul, Bibliothek des Topkapı-Palastes, H. 1483, folio 42r

Abb. 9 Dem Papst den Hintern zeigen. Blasphemische Karikatur aus der frühen Reformationszeit. (Lucas Cranach der Ältere/Wikipedia)

Abb. 10 TV-Prozess für Monty Pythons Das Leben des Brian. Mervyn Stockwood (Bischof von Southwark) und Malcolm Muggeridge spielen sich bei der beliebten Talkshow *Friday Night, Saturday Morning* als Richter gegen John Cleese und Michael Palin auf (9. November 1979)

Abb. 11 Beitrag des Karikaturisten Lars Refn zu der Sonderausgabe „Mohammeds Gesicht“ des *Jyllands-Posten*.

Abb. 12 Erniedrigung: das Gesicht eines der beiden Söhne wurde aus dem Septimius-Severus-Tondo gelöscht. (ca. 199 n. Chr.) José Luiz Bernardes Ribeiro/Wikipedia

Abb. 13 Jemand wird kopfüber aufgehängt und von einem Teufel ausgepeitscht: Deutsches Schandbild, ca. 1460.

Abb. 14 Schandmaske. Klaus D. Peter, Wiehl/Wikipedia.

Abb. 15 „Asymmetrischer Krieg“: Stifte gegen Waffen.

Abb. 16 „Wir sind alle Charlie Hebdo und wir werden unsere Waffen niemals niederlegen“, Cartooning for Peace/Kash

Abb. 17 Die nackte Märtyrerin und der lüsterne Gorilla in Cecil B. DeMilles *The Sign of the Cross* (1932)

Kapitel 1: Einführung „Blasphemische" Kreuzigungen

Julie Clague: The Christa. Symbolising my Humanity and my Pain. *Feminist Theology* 1, 2005.

Christiane Kruse, Birgit Meyer und Anne-Marie Korte: *Taking Offence. Religion, Art and Visual Culture in Plural Configurations*. Paderborn 2013.

David Lawton: *Blasphemy*. Philadelphia 1993.

Leonard Levy: *Blasphemy. Verbal Offense against the Sacred from Moses to Salman Rushdie*. Chapel Hill 1995.

David Nash: *Blasphemy in Modern Britain: 1789 to the Present*. London 1999.

Pier Paolo Pasolini: *La Ricotta (Der Weichkäse,* Film). 1963.

Charles Taylor: *Quellen des Selbst. Die Entstehung der neuzeitlichen Identität.* Aus dem Englischen übers. v. Joachim Schulte. Berlin 2021.

Joan E. Taylor (Hg.): *Jesus and Brian: Exploring the Historical Jesus and his Times via Monty Python's Life of Brian*. London 2015.

Kapitel 2 Blasphemie in Anführungszeichen

Talal Asad, Wendy Brown, Judith Butler und Saba Mahmood: *Is Critique Secular? Blasphemy, Injury and Free Speech*. Berkeley 2009.

Timothy Beal: *Pussy Riot's Theology*. The Chronicle of Higher Education, abgerufen am 17. September 2012.

Anya Bernstein: An Inadvertent Sacrifice: Body Politics and Sovereign Power in the Pussy Riot Affair. *Critical Inquiry* 40:1, 2013.

Asia Bibi und Anne-Isabelle Tollet: *Blasphemy, a Memoir: Sentenced to Death over a Cup of Water*. Chicago 2013.

Alain Cabantous: *Geschichte der Blasphemie*. Aus dem Französischen übers. v. Bernd Wilczek. Köln 1999.

Charb: *Brief an die Heuchler. Und wie sie den Rassisten in die Hände spielen*. Aus dem Französischen übers. v. Werner Damson, Berlin 2015.

G. K. Chesterton: *Ketzer: Ein Plädoyer gegen die Gleichgültigkeit*. Berlin 2012.

Régis Debray und Didier Leschi: *La Laïcité au quotidien: Guide pratique*. Paris 2016.

T. S. Eliot: *After Strange Gods: A Primer on Modern Heresy.* London 1934.

Ashraf Fayadh: *Instructions Within.* New York 2016.

Paul Finckelman: Blasphemy and Free Thought in Jacksonian America: The Case of Abner Kneeland. In: Christopher Grenda, Chris Beneke und David Nash (Hg.), *Profane: Sacrilegious Expression in a Multicultural Age,* Berkeley 2014.

Michel Foucault: *Fearless Speech.* Aus dem Französischen ins Englische übers. v. Joseph Pearson. London: Semiotext(e) 2001.

Masha Gessen: *Words will Break Cement. The Passion of Pussy Riot.* London 2014.

Christopher Grenda, Chris Beneke und David Nash (Hg.): *Profane: Sacrilegious Expression in a Multicultural Age.* Berkeley: University of California Press 2014.

F. LaGard Smith: *Blasphemy and the Battle for Faith.* London: Hodder & Stoughton Religious 1990. (LaGard Smith ist der Autor, der Blasphemie mit dem Gefühl beschreibt, „das man bekommt, wenn jemand in das eigene Haus einbricht".)

Stewart Lee: *Don't Get me Started: What's Wrong with Blasphemy?* Dokumentarfilm, www.youtube.com/watch?v=N9EUe8jNr6o.

David Nash: *Blasphemy in the Christian World: A History*. Oxford/New York 2010.

Mike Lerner: *Pussy Riot: A Punk Prayer*. Dokumentarfilm, 2013.

Yvonne Sherwood: *Biblical Blaspheming: Trials of the Sacred for a Secular Age*. New York 2012.

David Tollerton: *Holocaust Memory and Britain's Religious-Secular Landscape*. London 2020.

Robert Yelle: Secular Blasphemies: Symbolic Offences in Modern Democracy. In: Christopher Grenda, Chris Beneke und David Nash (Hg.), *Profane: Sacrilegious Expression in a Multicultural Age*, Berkeley 2014.

Kapitel 3 Blasphemie und Religion

Janaka Ashin und Kate Crosby: Heresy and Monastic Malpractice in the Buddhist Court Cases (Vinicchaya) of Modern Bhurma (Myanmar). *Contemporary Buddhism* 18, 2017.

Michael Camille: *Image on the Edge: The Margins of Medieval Art*. Cambridge 1992.

Wendy Doniger: *The Hindus. An Alternative History*. London/New Delhi 2009.

Wendy Doniger: Prelude to Censorship: The Toleration of Blasphemy in Ancient India. *Sightings*, abgerufen am 21. Mai 2015 https://divinity.uchicago.edu/sightings/articles/prelude-censorship-toleration-blasphemy-ancient-india.

Christiane Gruber: *The Praiseworthy One: The Prophet Muhammad in Islamic Texts and Images*. Bloomington 2019.

Thomas Hoffmann und J. Christiansen: Paradoxes, Loopholes, and Invitations in Qur'ānic Polemic. In: Mehdi Azaiez and

Mokdad Arfa Menzia (Hg.): *Qur'ānic Studies: Between History, Theology and Exegesis,* Berlin 2023.

Raminder Kaur und William Mazzarella (Hg.): *Censorship in South Asia: Cultural Regulation from Sedition to Seduction.* Indiana University Press 2009.

Ze'ev Maghen: The Merry Men of Medina: Comedy and Humanity in the Early Days of Islam. *Der Islam* 83, 2008.

Elham Manea: In the Name of Culture and Religion: The Political Function of Blasphemy in Islamic States. *Islam and Christian-Muslim Relations* 27:1, 2016.

Joss Marsh: *Word Crimes: Blasphemy, Culture and Literature in Nineteenth Century England.* Chicago 1998.

Tomoko Masuzawa: *The Invention of World Religions, or How European Universalism was Preserved in the Language of Pluralism.* University of Chicago Press 2005.

Ebrahim Moosa: Muslim Political Theology: Defamation, Apostasy and Anathema. In: Christopher Grenda, Chris Beneke und David Nash (Hg.), *Profane: Sacrilegious Expression in a Multicultural Age,* Berkeley 2014.

Intisar A. Rabb: Society and Propriety: The Cultural Construction of Defamation and Blasphemy as Crimes in Islamic Law. In: Camilla Adang, Hassan Ansari, Maribel Fierro und Sabine Schmidtke (Hg.): *Accusations of Unbelief in Islam: A Diachronic Perspective on Takfīr*. Leiden 2015.

Paul Rollier, Kathinka Frøystad und Arild Engelsen Ruud (Hg.): *Outrage: The Rise of Religious Offence in Contemporary South Asia*. London: UCL Press 2020.

Abdullah Saeed: Ambiguities of Apostasy and the Repression of Muslim Dissent. *Review of Faith and International Affairs* 9:2, 2011.

Yvonne Sherwood: Binding-Unbinding: Pre-critical „Critique“ in Pre-modern Jewish, Christian and Islamic Responses to the Sacrifice of Abraham/Ibrahim's Son. In: Sherwood: *Biblical Blaspheming: Trials of the Sacred for a Secular Age.* New York 2012.

Terje Stordalen und Birgit Meyer (Hg.): *Figurations and Sensations of the Unseen in Judaism, Christianity and Islam.* London 2019.

Kapitel 4 Blasphemie und Gesetz

The European Legal Framework on Hate Speech, Blasphemy and its Interaction with Freedom of Expression, 2015. https://www.europarl.europa.eu/RegData/etudes/STUD/2015/536460/IPOL_STU(2015)536460_EN.pdf

Bhairav Achraya: Free Speech in India: Still Plagued by Pre-modern Laws. *Media Asia* 42:3–4, 2015.

Heiner Bielefeldt: *Report of the Special Rapporteur on Freedom of Religion or Belief, UN General Assembly Religion and Violence,* 2014. Abrufbar unter: http://www.ohchr.org/EN/HRBodies/HRC/RegularSessions/Session28/Documents/A_HRC_28_66_ENG.doc

Hypatia Bradlaugh-Bonner: *Penalties upon Opinion, or Some Records of the Laws of Heresy and Blasphemy.* London 1934.

Shemeem Burney Abbas: *Pakistan's Blasphemy Law: From Islamic Empires to Taliban*. Austin 2013.

Austin Dacey: *The Future of Blasphemy. Speaking of the Sacred in an Age of Human Rights*. London 2012.

Joelle Fiss und Jocelyn Getgen Kestenbaun: *Respecting Rights: Measuring the World's Blasphemy Laws*. US Commission on International Religious Freedom, 2017.

Ian Leigh: Damned if They Do, Damned if They Don't: The European Court of Human Rights and the Protection of Religion from Attack. *Res Publica* 17, 2011.

Andreas Philippopoulos-Mihalopoulos: Atmospheres of Law: Senses, Affects, Lawscapes. *Emotion, Space and Society* 2:6, 2013.

Akhtar Rasool Bodla: Genesis of Blasphemy Laws in Colonial India. *Pakistan Journal of History and Culture* 38:2, 2017.

András Sajó (Hg.): *Censorial Sensitivities: Free Speech and Religion in a Fundamentalist World*. Utrecht: Eleven International Publishing 2007.

Catherine Schuler: Reinventing the Show Trial: Putin and Pussy Riot. *The Drama Review* 57:1, 2013.

Stephen Shapin: *A Social History of Truth: Civility and Science in Seventeenth-Century England*. Chicago 2005.

Jeroen Temperman und András Koltay (Hg.): *Blasphemy and Freedom of Expression: Comparative, Theoretical and Historical Reflections after the Charlie Hebdo Massacre*. Cambridge 2017.

Kapitel 5 Blasphemie und Minderheiten

Shabab Ahmed: *Before Orthodoxy: The Satanic Verses in Early Islam.* Cambridge 2017.

M. M. Ahsan und A. R. Kidawi: *Sacrilege versus Civility: Muslim Perspectives on the Satanic Verses Affair*. Leicester 1993.

James Bloodworth: Today Everyone wants to Defend Salman Rushdie: It Was not Always like That. *The Independent*, 24. September 2012.

Geoffrey Brahm Levey und Tariq Modood: The Muhammad Cartoons and Multicultural Democracies. *Ethnicities* 9, 2009.

Jeanne Favret-Saada: An Anthropology of Religious Polemics: The Case of Blasphemy Affairs. *HAU: Journal of Ethnographic Theory* 6:1, 2016.

Gurpreet Kaur Bhatti: *Behzti* (Film). London, 2004.

Ruqayya Yasmin Khan: *Muhammad in the Digital Age.* Austin 2015.

Signe Engelbreth Larsen: Towards the Blasphemous Self: Constructing Societal Identity in Danish Debates on the Blasphemy Provision in the Twentieth and Twenty-First Centuries. *Journal of Ethnic and Migration Studies* 40:2, 2014.

David Low: *Low's Autobiography*. London 1965.

Kenan Malik: *From Fatwa to Jihad: The Rushdie Affair and its Legacy.* London 2009.

Salman Rushdie: *Heimatländer der Phantasie*. Aus dem Englischen übers. v. Gisela Stege, München 2014.

Salman Rushdie: Fatwa, 30 Years On. In der BBC Newsnight am 11. Februar 2019.

The Satanic Verses Affair (Dokumentarfilm). Ausgestrahlt auf BBC Two am 7. März 2009.

Laura Schwartz: *Infidel Feminism. Secularism, Religion and Women's Emancipation, England, 1830–1914*. Manchester 2013.

Yvonne Sherwood: The Old Threat of Secularism and the New Threat of Islam. *The Immanent Frame,* 4. April 2015. https://tif.ssrc.org/2015/04/06/blasphemous-cartoons-the-old-threat-of-secularism-and-the-new-threat-of-islam/

Yvonne Sherwood: Christians, Jews, Muslims and Blasphemy ACH (After Charlie Hebdo) and BSV=Before The Satanic Verses. *Patterns of Prejudice* 54:1–2, 2020. In diesem Artikel beschäftige ich mich ausführlicher mit David Lows und George Footes Karikaturen.

Emmanuel Todd: *Wer ist Charlie? Die Anschläge von Paris und die Verlogenheit des Westens.* Aus dem Französischen übers. v. Enrico Heinemann, München 2015.

Salil Tripathi: Women who Fought for Salman Rushdie. *Mint,* 21. Februar. https://www.livemint.com/news/india/women-who-fought-for-salman-rushdie-1550711196234.html

Richard Webster: *A Brief History of Blasphemy: Liberalism, Censorship and The Satanic Verses*. Southwold 1990.

Fay Weldon: *Sacred Cows: A Portrait of Britain, Post-Rushdie, Pre-Utopia*. London 1989.

Algorithms Rule us All. VPRO Documentary. https://www.youtube.com/watch?v=NFF_wj5jmiQ

Webb Keane, *Christian Moderns: Freedom and Fetish in the Mission Encounter.* Oakland 2007.

196 W. J. T. Mitchell: *What do Pictures Want? The Lives and Loves of Images.* Chicago 2006.

Brent Plate: *Blasphemy. Art that Offends.* London 2006.

Art Spiegelman: Drawing Blood. Outrageous Cartoons and the Art of Outrage. *Harpers*, Juni 2006.

Johanna Sumiala: „Je suis Charlie“ and the Digital Mediascape. The Politics of Death in the Charlie Hebdo Mourning Rituals. *Journal of Ethnology and Folkloristics* 11:1, 2017.

Sigrid Weigel: *Grammatologie der Bilder.* Berlin 2015.